ココミル✛
cocomiru

伊豆

すてきな思い出
作りましょ♪

海と空に近づけそうなACAO FOREST
(P24)の空飛ぶブランコ

絶景、名湯、絶品グルメも 魅力あふれる伊豆の旅へ！

上左：たまご専門店 TAMAGOYAベーカリーカフェ(P98)のパンケーキ／上右：伊豆高原ビール 海の前のカフェレストラン(P45)の漁師の漬け丼
下左から：伊豆に春の訪れを告げる河津桜(P62)／稲取名物のキンメダイは必食！寿し魚八(P66)／オーシャンスパ Fuua(P30)の露天立ち湯で海と一つに

富士山ビューを楽しめる
三島スカイウォーク（P120）

富士山を眺めながら空中さんぽ
伊豆パノラマパーク（P104）

ここでしか見られない！
伊豆半島で感動の絶景を

伊豆半島ジオパークの一つ・大室山（P48）

堂ヶ島マリン（P110）のクルーズ船で洞窟探検

大田子海岸（P115）で
夕陽観賞

幕末の歴史の舞台となった下田(P76)

修善寺では竹林の小径(P92)を散策

ノスタルジックな町を訪ね
お泊まりは温泉自慢の人気宿へ

上：川奈ステンドグラス美術館
(P50)で中世イギリスの世界へ
左：季節の花に囲まれたニュー
ヨークランプミュージアム ＆ フラ
ワーガーデン(P47)

西伊豆 天空テラス(P115)のドームテント

ホテルニューアカオ
(P33)の露天風呂

観光・文化施設 東海館(P42)の喫茶室

大村精肉店
(P121)の
みしまコロッケ

レストラン スコット本店
(P21)で
老舗の味を

喜久屋食堂(P119)の
しおかつおうどん

道の駅 開国下田みなと
(P127)のご当地サイダー

きんめ処 なぶらとと(P67)で新鮮魚介を

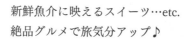

東府や工房カフェテラス(P101)で
カラフルなスムージーを

新鮮魚介に映えるスイーツ…etc.
絶品グルメで旅気分アップ♪

伊豆テディベア・ミュージアム
(P51)のデンちゃんカフェラテ

TERRACE
CAFE IPPEKIKO
(P59)の人気ソフト

レトロかわいい熱海プリンカフェ2nd(P27)の皿プリン

古民家カフェ茶庵芙蓉(P99)の和スイーツ

伊豆ってどんなところ？

6つのエリアそれぞれに
趣の異なる観光ポイント

相模灘と駿河湾に囲まれ、自然豊かな伊豆半島。北東部の熱海と伊東は温泉が有名で、伊豆高原は美術館が多く集まるアートの町、南伊豆には幕末の香り漂う下田がある。中伊豆には伊豆の小京都・修善寺、西伊豆にはなまこ壁が残る松崎と、エリアごとにさまざまな観光が楽しめる。

「東洋のモナコ」とも称される
熱海（☞P18）

かつての外湯を再現した
修善寺の筥湯（☞P93）

はじめての伊豆で外せないのは？

なんといっても温泉！
熱海や伊東が有名

熱海、伊東、東伊豆、修善寺など、伊豆は温泉天国とよんでいいほど多くの温泉地が点在。なかでも熱海や伊東には、徳川家御用達の湯が残るなど、歴史的価値も。大正～昭和期の著名人の別邸や文人ゆかりのスポットなど、文化財級の施設も多く、温泉地ならではの情緒を楽しめる。

伊豆へ旅する前に
知っておきたいこと

あったか半島・伊豆は、温泉、海の幸、情緒ある町並みなどさまざまな魅力にあふれている。
お出かけ前にしっかり予習して、素敵な旅にしましょう。

どうやって行くの？

東京から熱海まで約45分。
西伊豆エリアはバスで移動

東京から熱海へは新幹線で約45分。東部エリアから南伊豆の下田へは、海沿いを走るJRと伊豆急行線が充実している。一方、西伊豆や河津七滝といった中伊豆エリアは、東海バスなどの路線バスを利用することになるので、目的によっては車で移動したほうが便利な場合も。

伊豆半島東側は伊豆急行の電車で移動

黒船サスケハナ（☞P77）に
乗って下田の海をクルーズ

日数はどのくらい必要？

熱海から下田への旅なら1泊。
伊豆全体を巡るならもう1泊

はじめての伊豆旅行なら、東部に位置する熱海と伊東、南伊豆の下田を巡る1泊2日の旅がおすすめ。電車の本数も1時間に2～3本と比較的多く、まわりやすい。また伊豆の小京都とよばれる修善寺や、なまこ壁が有名な西伊豆の松崎などは、それぞれプラス1日して計画を。

おすすめのシーズンは？

春～夏に盛り上がる伊豆半島。
静かな旅はそれ以外のシーズンに

伊豆観光のトップシーズンは春と夏。春はのべ100万人以上の人出がある河津桜や、伊豆高原のソメイヨシノを目当てに訪れる人で賑わう。南伊豆や西伊豆には美しいビーチが数多くあり、海水浴も人気。冬は首都圏よりも比較的暖かく、のんびり旅をするなら、このシーズンを狙って。

四季折々のフルーツも
楽しみの一つ

温泉はどれくらいあるの?

伊豆半島のいたる所に
名湯といわれる温泉が点在

伊豆半島には、海沿いから山中まで20以上の温泉地が存在している。特に東伊豆は海沿いの露天風呂が有名で、朝日を見ながらの湯浴みは贅沢そのもの。また、中伊豆エリアにある山あいの老舗旅館は、湯も料理も絶品揃い。エリアごとに異なる雰囲気や泉質を楽しみながら楽しもう。

海辺の露天風呂は
東伊豆で(☞P68)

望水(☞P71)など
北川には隠れた名湯が

外湯も楽しみな
修善寺温泉(☞P92)

伊東にはいにしえの
木造旅館の建物が(☞P40)

散策におすすめの町は?

温泉街を楽しむなら熱海、
和の雰囲気ある修善寺も人気

熱海には、江戸時代に徳川家康が訪れ、明治以降は文人墨客に愛された名湯がある。長い時間をかけて発展し、温泉街らしい景色を堪能できる。一方、竹林と寺のたたずまいが美しい中伊豆の修善寺、吉田松陰や勝海舟ゆかりの下田など、歴史を感じる町でのさんぽも楽しい。

注目スポットはどこ?

"地球活動"を体感できる
伊豆半島ジオパークのジオサイト

2018年にユネスコの世界ジオパークに認定された伊豆半島。なかでも下田の龍宮窟(☞P82)や南伊豆の石廊崎(☞P83)は、ダイナミックな自然を体感できるスポットなのでぜひ訪れてみて。伊豆高原の城ヶ崎海岸(☞P46)や大室山(☞P48)では、絶景ウォーキングを楽しめる。

SNSでも話題の神秘的な海食洞・龍宮窟(☞P82)

伊豆ならではの海鮮料理に思わず顔がほころぶ

伊豆グルメはどんなものがある?

海&山の恵みたっぷり
地のものを使った料理を

伊豆の代表的なグルメといえば海鮮料理。飲食店の多い熱海では地魚の寿司、東伊豆・稲取ではキンメダイの煮付けや刺身、下田の伊勢エビなどを楽しめる。ほかにも地元野菜をたっぷり使った伊豆高原のランチや、修善寺のそばなど、海山グルメが盛りだくさん。

おすすめのみやげは?

伊豆といったら海産物
天城のワサビや人気スイーツも

海に囲まれた伊豆では、やはり海産物みやげが人気。特に干物が有名で、定番のアジは熱海や網代、珍しい伊勢エビの干物は下田などで手に入る。熱海発のフォトジェニックなスイーツ(☞P27)も人気で、テイクアウトOKなものも。各地に点在する道の駅(☞P126)なども要チェック。

熱海には多くの干物店が並ぶ

伊豆って
こんなところ

首都圏周辺でいち早く春が訪れる伊豆半島。
絶景の温泉や海鮮グルメをはじめ
海あり山あり、お楽しみ盛りだくさんのエリアだ。

みどころは6つのエリア

神奈川県にほど近い熱海から、伊豆半島の最南端に位置する下田まで、相模灘を望む観光スポットが目白押し。昔懐かしい温泉街の風情を残す熱海や伊東。ミュージアムや、おしゃれな観光施設が点在する伊豆高原。ひと足早く春が訪れる東伊豆や下田は、歴史や花スポットが多い。竹林の小径が印象的な修善寺や、なまこ壁の町・松崎など、中伊豆や西伊豆エリアにも魅力的な観光スポットがる。

観光の前に情報を集めよう

伊豆の旅に出かける前に、交通や宿、季節の花の見頃など、知りたいことは各地にある観光協会に問い合わせてみよう。また、現地の観光案内所などでも地元の情報を得ることができる。

主要タウンへのアクセス

熱海
JR伊東線普通 23分
東海バス 49分
修善寺
伊東
東海バス 55分
伊豆急行普通 22分
土肥
伊豆高原
東海バス 1時間30分
河津
伊豆急行普通 30分
松崎
東海バス 1時間50分（松崎乗換え）
伊豆急行普通 15分
下田

相模灘

ひと足のばして

みしま・ぬまづ
三島・沼津
・・・P120

富士山ビュースポットとして有名な三島スカイウォークがある三島と、旬の海の幸や個性派水族館が揃う沼津が人気の観光エリアだ。

新清水ICへ
清水ICへ

しゅぜんじ・なかいず
修善寺・中伊豆
・・・P90

温泉地として名高い修善寺。旧天城街道沿いには、歌や文学にゆかりのあるスポットや河津七滝が。

にしいず
西伊豆
・・・P106

奇岩の島々が並ぶ堂ヶ島や、昔ながらの風情が漂う松崎などがあるエリア。夕景観賞ドライブも人気。

あたみ
熱海 ①

···P18

伊豆半島の玄関口で、日本を代表する温泉地の一つ。起雲閣やレトロ喫茶など昔懐かしい雰囲気が楽しめる国内屈指の温泉地。

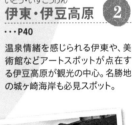

いとう・いずこうげん
伊東・伊豆高原 ②

···P40

温泉情緒を感じられる伊東や、美術館などアートスポットが点在する伊豆高原が観光の中心。名勝地の城ヶ崎海岸も必見スポット。

ひがしいず
東伊豆 ③

···P60

早春の河津桜が見事な河津をはじめ、山と海に囲まれた熱川や稲取など、花と温泉を楽しめるエリア。

しもだ・みなみいず
下田・南伊豆 ④

···P74

江戸時代は海上輸送の要所として栄えた下田。名物の伊勢エビ料理や地元産フルーツを使ったスイーツなど、グルメにも注目。

1日目

9:30 熱海駅

> 駅前には足湯も！

東京から行く場合はJR東海道本線か新幹線で、まずは徒歩で温泉街を巡ろう。

10:00 起雲閣

急な坂道を下り、熱海銀座を通り抜け、市の指定文化財の起雲閣（☞P22）へ。

> サンルームも素敵

富豪たちに受け継がれた別邸は、保養地としての熱海の歴史を伝えてくれる。

11:00 熱海で町歩き

駅から来た道をテクテク戻りながら、干物店などをのぞきつつ海鮮ランチの店探し。

> どれもプリップリ

11:30 海鮮ランチ

飲食店が充実している熱海では、駅チカの商店街で新鮮魚介ランチを（☞P28）。

13:30 東海館

熱海駅から電車で約23分。伊東市街を流れる松川沿いの遊歩道（☞P43）をさんぽ。

> 細部にも注目です！

平成初めまで現役の旅館だったクラシカルな市指定文化財、東海館（☞P42）を見学。

14:15 伊東のカフェ

東海館の喫茶室や市街地にあるcafe TATI sweets（☞P43）で、ちょっとひと休み。

15:30 城ヶ崎海岸

城ヶ崎海岸駅へはタクシーで。時間があれば別荘地を見学がてら散歩で行ってみて。

> 海面からの高さ約23m

城ヶ崎海岸（☞P46）にある門脇つり橋から、大海原の絶景を楽しもう。

17:00 北川の温泉宿

穴場の温泉地・北川には、吉祥CAREN（☞P70）や望水（☞P71）など名宿が多い。

目の前に広がる雄大な海の向こうに大島が！絶景自慢の宿で温泉と美食を満喫。

1泊2日で
とっておきの伊豆の旅

日本有数の温泉地・熱海から開国の歴史が残る下田まで、
伊豆半島東側の海沿いを南下する1泊2日の旅。
修善寺や西伊豆へ足をのばすなら、もう1日プラスしましょう。

2日目

おはよう！

はぁ〜、極楽、極楽♪

8:00 黒根岩風呂

目の前に太平洋が広がる絶景風呂（☞P68）。晴れた日にはぜひ朝湯を楽しんで！

開放感のある海辺の露天風呂で、伊豆屈指の絶景と気持ちのいい湯浴みを。

熱川といえばココ！

10:00 熱川温泉街

伊豆急行に乗って熱川（☞P64）へ。温泉街の情緒を楽しみながら町歩き。

熱川バナナワニ園（☞P65）では、珍しいワニやレッサーパンダがお待ちかね。

稲取で 12:00 キンメランチ♪

熱川駅から電車で2駅の伊豆稲取駅で下車。名物のキンメダイ（☞P66）を堪能。

13:30 河津の花スポット

電車でさらに南下して河津へ。2月上旬〜上旬なら河津桜（☞P62）が見頃に。

河津では初夏と秋にバラが咲き誇る河津バガテル公園（☞P63）もおすすめ。

15:00 伊豆急下田駅

伊豆急行の終着駅、伊豆急下田駅に到着。駅を出るとかすかに南国の空気を感じる。

15:10 寝姿山公園

天気がよければロープウェイで寝姿山自然公園（☞P83）へ。山頂からの眺めは最高！

16:00 ペリーロード

幕末ロマンにうっとり

開国の歴史にゆかりのあるスポットを訪ねつつ、ペリーロード（☞P76・78）を探検。

かつて港町として栄えた下田には、なまこ壁が特徴的な古い建物も。旅情ムードにときめく。

古民家を利用したカフェや蔵造りの店など、ここでしか出会えない店を訪ねてみて。

せっかく来たんですもの

3日目はひと足のばしてみませんか？

徒歩で巡る中伊豆の小京都・修善寺へ

弘法大師ゆかりの修禅寺を訪ね、風情ある竹林の小径をそぞろ歩き。そばや黒米料理など地元の山の幸グルメも楽しみ。P92

なまこ壁が続くレトロな港町・松崎へ

石畳の路地のなまこ壁通り、お座敷でくつろげる明治商家中瀬邸など、松崎を象徴するなまこ壁の建物を巡るプチトリップを。P108

ココミル+
cocomiru

伊豆

Contents

●表紙写真
ふじいち (P45)、伊豆 稲取温泉 雛のつるし飾りまつり (P72)、熱海プリンカフェ2nd (P27)、AKAO FOREST (P24)、Restaurant & Sweets 花の妖精 (P27)、道の駅 開国下田みなと (P127)、大室山 (P48)、西伊豆 天空テラス (P115)、河津河畔 (P62)、舟戸の番屋 (P69)

14

〈マーク〉

🏯 👥 🏛	観光みどころ・寺社	
♪	プレイスポット	
🍴 🍽	レストラン・食事処	
🍸	居酒屋・BAR	
☕	カフェ・喫茶	
🛍	みやげ店・ショップ	
🏨	宿泊施設	
♨	立ち寄り湯・スパ	

〈DATAマーク〉

☎	電話番号
🏠	住所
¥	料金
🕐	開館・営業時間
✕	休み
🚃	交通
Ｐ	駐車場
🛏	室数
MAP	地図位置

早春の伊豆の風物詩、河津桜（☞P62）

赤沢温泉郷（☞P54）の絶景露天

伊豆テディベア・ミュージアム（☞P51）
のカフェ

幕末の香りを感じるペリーロード（☞P77・78）

下田のカフェ邪宗門（☞P77）でくつろぐ

絶景さんぽを楽しめる大室山（☞P48）

豪壮な木造建築・東海館（☞P42）

伊豆の湯どころで、ほっこりと

桐のかほり 咲楽（☞P71）の新鮮な魚介

せ万波（☞P94）の花わさびどんぶり

ゆったりと温泉、心踊る海山の幸
さあ、伊豆の旅に出かけましょう

相模灘と駿河湾に囲まれた伊豆半島。
日本有数の温泉地である熱海、
リゾート感あふれる伊豆高原、幕末の歴史を感じる下田、
和の情緒たっぷりの修善寺など、みどころがいっぱい。

これしよう！
大正時代の富豪の
別荘・起雲閣を見学

実業家の別邸として栄華を
極めた市指定有形文化財
を見学。☞P22

これしよう！
温泉リゾートで
絶景露天風呂を満喫

熱海最大級の日帰り温泉
施設で、海を眺めながらの
んびり湯浴みを。☞P30

これしよう！
花と緑あふれる
ガーデンを散策

フォトスポットで写真を撮
りながら、緑豊かな庭園を
お散歩。☞P24

徳川家康も愛した日本屈指の温泉リゾート

熱海
あたみ

工房で
ハーブ石けん作り
に挑戦(☞P25)

こんなところ

伊豆半島東側の玄関口で、あの徳川家康公
も来湯した日本屈指の温泉地。実業家・根
津嘉一郎の別邸・起雲閣をはじめ、保養に
訪れた近現代の文人ゆかりの店も多く見ら
れる。海を目の前に望むホテルや日帰り利
用で楽しめる温泉も充実している。伊豆の
旅はまず熱海からスタート！

a c c e s s

●電車・バス

熱海駅
JR伊東線 2分
来宮駅
JR伊東線 6分
伊豆多賀駅
JR伊東線 4分
網代駅

●車

熱海
国道135号 約9km
多賀・網代

※熱海までの交通はP128〜の
交通ガイドを参照

問合せ ☎0557-85-2222
熱海市観光協会
広域MAP P137E2〜3

～熱海 はやわかりMAP～

観光のヒント
中心部は徒歩で充分
周遊バスも利用価値大

熱海港周辺のタウン中心部は徒歩で移動できる。市内の観光名所へは周遊バス「湯～遊～バス」(☞下図) が便利でお得。

箱根へ
東光寺
岩戸山
熱海峠IC
姫の沢公園
函南町
伊豆山神社
MOA美術館
②伊豆山温泉
來宮神社
熱海
ラスカ熱海
東海道新幹線
來宮
①熱海温泉
東海道本線
梅園
熱海海上花火大会
三島へ
熱海市役所
起雲閣
熱海港
熱海市
ATAMI BAY RESORT
KORAKUEN
アタミロープウェイ
熱海城
玄岳IC
玄岳
798
ACAO FOREST
錦ヶ浦
伊豆スカイライン
135
戸田幸四郎
絵本美術館
伊東線
韮山峠IC
小田原へ
真鶴
相 模 灘

富士急マリンリゾート

熱海ステイ
お目当ては花火大会

夏休みなど年に十数回実施する花火は必見。(☞P23・135)

初島へ

伊豆多賀
伊豆多賀温泉
長浜海水浴場
滝の山公園
網代港
熱海マリーナ
80
山伏峠IC
網代
③網代温泉
和田木神社
大島
伊東へ
伊豆の国市

バラとハーブの
英国式ガーデン

13の庭園を散策。カフェや体験工房もある(☞P24)

伊東へ

湯～遊～バス運行ルート

起雲閣西口　　水口
染殿橋　　　　　　大湯間歌泉
アカオフォレスト
咲見町
熱海城
錦ヶ浦入口
熱海駅
マリンスパあたみ
春日町
親水公園
大学病院前
銀座　サンビーチ
お宮の松

熱海エリアの温泉

あたみおんせん
1 熱海温泉

開湯約1200年の歴史を誇る伊豆を代表する温泉地。徳川家康が子どもとともに湯治に訪れた。

いずさんおんせん
2 伊豆山温泉

歴史は熱海温泉より古く養老年間 (717～724) に発見。走り湯 (☞P36) 周辺に温泉街がある。

あじろおんせん
3 網代温泉

熱海市の南部に位置する温泉地。漁港近くに温泉旅館やホテルなどがある閑静な穴場スポット。

湯～遊～バス

1日18便、9時30分熱海駅発から約20～30分間隔で運行。熱海市内の観光名所や旧跡を巡る。乗車1回250円、乗り降り自由の1日乗車券は800円。

江戸から昭和の歴史を感じる
熱海の懐かしさんぽみち

江戸時代から明治、大正、昭和へと歴史を紡いできた温泉地。
さまざまな表情を見せてくれる、日本屈指の名湯の町を歩いてみよう。

熱海ってこんなところ
あたみ

長い時間のなかで育まれた温泉地

熱海駅から海岸にかけて広がる熱海の市街地。起点の熱海駅から海沿いへは、坂道を下って歩いて15分ほど。駅そばの商店街に点在するみやげ物店などを見ながら町歩きを楽しもう。

アクセス P128参照
問合せ ☎0557-85-2222(熱海市観光協会)
広域MAP P137E2〜3

おすすめコース

ぐるっと回って約4時間

```
        JR熱海駅
        スタート&ゴール
徒歩10分              鉄道5分+徒歩5分
熱海サンビーチ 6    1 來宮神社
徒歩10分              徒歩20分
熱海七湯めぐり 6    2 起雲閣
(小沢の湯)
徒歩5分              徒歩10分
熱海銀座 4          3 レストラン
                      スコット本店
        徒歩5分
```

1 朱色の本殿。屋根の下にはハート型の模様が

2 落ち葉で作られたハート

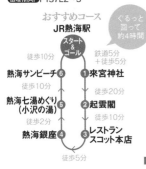

きのみやじんじゃ
1 來宮神社

熱海屈指のパワースポットで願いを叶えて福を招く

全国に44社ある「きのみやじんじゃ」の総社で、熱海の地主の神が鎮座している。樹齢2100年を超える大楠の神木は本州一の巨樹。境内にはカフェもあり、神社の神様の好物とされた麦こがしを使用した「来福スイーツ」が人気だ。参集殿で授与するお守りも豊富。

3 麦こがしシフォンケーキ880円 4 縁結び御守1000円

☎0557-82-2241 **住**熱海市西山町43-1 **料**境内自由(参集殿は**時**9〜17時) **交**JR来宮駅から徒歩5分 **P**50台 **MAP**折込表・熱海A2

地図

```
              小田原駅へ↑
                    熱海駅
200m          熱海駅
          東海道新幹線
              東海道本線
伊東線        1 來宮神社
三島駅へ    來宮駅へ
              135
熱海七湯めぐり 5
(小沢の湯)
                    6 熱海サンビーチ
熱海銀座 4
熱海市役所◎            3 レストラン
                        スコット本店
                    135
起雲閣 2              熱海港
          ↓伊東へ            熱海
              熱海ビーチライン
```

きうんかく
2 起雲閣

**熱海三大別荘の一つ
意匠をこらした名邸は必見**

大正8年(1919)に竣工し、実業家の根津嘉一郎ら3人の富豪によって増築が重ねられた。熱海市指定の有形文化財。**DATA** →P22

アールデコ洋式のサンルームは昭和7年(1932)に完成

いち早く
春を迎える
熱海の名所

樹齢100年を超える梅の古木をはじめ、469本、60品種の梅が咲き競う「熱海梅園」では、毎年1〜3月に「熱海梅園梅まつり」を開催（☞P135）。
☎0557-85-2222(熱海市観光協会)
MAP P136A4

ランチ

③ レストラン スコット本店
れすとらん すこっとほんてん

**昭和の文豪も訪れた
熱海を代表する洋食店**

昭和21年（1946）に創業し、志賀直哉や谷崎潤一郎など、昭和の文豪や著名人たちにも愛された洋食店。創業当時から変わらぬレシピで作られるビーフシチューが看板メニューだ。

☎0557-81-9493 **住**熱海市渚町10-13 **時**12時〜13時30分最終入店、17〜19時最終入店 **休**木曜、ほか月1回金曜 **交**JR熱海駅から徒歩15分 **P**6台 **MAP**折込表・熱海B3

1ビーフシチュー3630円（サラダ付き）。ホロホロと崩れるほど煮込んだ牛肉に濃厚なデミグラスソースが染み込む **2**シックで落ち着いた空間でランチやディナーを楽しめる

④ 熱海銀座
あたみぎんざ

**さまざまな店が集まる
熱海ライフの拠点**

熱海駅から坂を下った先にある、昭和の面影を色濃く残す商店街。みやげ干物店などのなかに、市民の生活を垣間見られる日用品を扱う店なども並んでいる。商店街の入口には、大正7年（1918）創業の老舗和菓子店があり、創業当時の宮大工の熟練の技を駆使したたたずまいが見事だ。買い物はもちろん、建物見学に訪れるのもいい。

住熱海市銀座町 **時**散策自由 **交**JR熱海駅から徒歩12分 **P**周辺駐車場利用 **MAP**折込表・熱海B3

1雑貨や小物を扱う店も多い（写真はイメージ）**2**干物店も立ち並ぶ

⑤ 熱海七湯めぐり
あたみななゆめぐり

**それぞれ物語のある
七湯を巡ってみよう**

1300年近い歴史と520以上もの源泉数を誇る熱海温泉。発見された当時からある熱海七湯は今も現存しており、「小沢の湯」では源泉の蒸気で温泉玉子を作ることができる。

☎0557-86-6218(熱海市公園緑地課) **住**熱海市銀座町13(小沢の湯) **Y時休**見学自由 **交**JR熱海駅から徒歩15分(小沢の湯) **P**なし **MAP**折込表・熱海B3(小沢の湯)

1待つこと約10分。トロけるような黄身の温泉玉子のでき上がり **2**目の前の商店で卵を買って、備え付けのカゴでゆでれば誰でも作ることができる

⑥ 熱海サンビーチ
あたみさんびーち

**潮風が気持ちいい
海岸をそぞろ歩き**

ロケーション、水質、環境、眺望、そして設備のすべてがトップクラスのレベルを誇るビーチ。都心に近く、地中海沿岸のリゾート地を思わせる海岸エリアは、四季折々の表情を見せてくれる。

☎0557-86-6218(熱海市公園緑地課) **住**熱海市東海岸町 **Y時休**散策自由 **交**JR熱海駅から徒歩10分 **P**市営駐車場利用 **MAP**折込表・熱海C2

1熱海が一躍脚光を浴びた、尾崎紅葉の名作『金色夜叉』の貫一お宮の像 **2**清潔で安心のキッズラグーンも併設する。夜はライトアップも

熱海駅から海や麓の町へ向かう坂はかなり急勾配。歩きやすい靴で町歩きを楽しみましょう。

和と洋が息づく起雲閣など
熱海のアートを感じる場所へ

和と洋がつむぎ出す独特の空間美が広がる別荘や、収蔵品に独自のこだわりを
感じられる美術館など、個性的なアートスポットを訪ねてみよう。

現在非公開の
岩崎別荘と並ぶ
熱海三大別荘の一つ

きうんかく
起雲閣

時代ごとの名士たちに磨かれた熱海の別邸

大正8年(1919)、船舶事業で財をなした内田信也の別
荘として竣工。その後、2代目の持ち主、根津嘉一郎に
よりローマ風浴室の棟、アールデコに改修されたサンルーム
など洋風の典雅がもたらされた。昭和22年(1947)には
旅館となり、太宰治や山本有三などの文人が逗留した。
2000年から市の文化施設として開放されている。

☎0557-86-3101 住熱海市昭和町4-2 ¥入館610円 ⏰9時～
16時30分最終入館 休水曜(祝日の場合は開館) 交JR熱海駅から徒
歩20分、または、熱海駅から湯～遊～バスで25分、起雲閣下車すぐ
P37台 MAP折込表・熱海A4

貸出し部屋
2Fギャラリー
企画展示室
ローマ風
浴室
金剛
展示室
麒麟
玉渓
玉姫
体験工房
旧大浴場
日本庭園
2F大鳳
根津の大石
喫茶室
やすらぎ
ラウンジ
貸出し部屋
2F
貸出し部屋
孔雀
貸出し部屋
音楽サロン
見学者
見学者玄関
フロント 庭園入口
← 施設見学者・順路

22

ぎょっけい
玉渓

中世イギリスのチューダー様式を用いた空間。暖炉に刻まれた装飾にも注目

1年を通じて熱海の夜を彩る花火大会

1年を通じて、十数回実施される「熱海海上花火大会」。海に向かってすり鉢状になる熱海の地形により、音がスタジアムのように反響して大迫力。
☎0557-85-2222 (熱海市観光協会) MAP折込表・熱海C4

ろーまふうよくしつ
ローマ風浴室

滑らないようにとタイルは木製。ステンドグラスやカランは昭和4年(1929)の建築当時のまま

たまひめ
玉姫

ダイニングルームとサンルーム。暖炉、中国風欄間など和洋折衷の建築様式が見事

にほんていえん
日本庭園

四季折々の表情を見せる庭園は1000坪の広さを誇る

海と熱海市街を見下ろす絶景

彫刻作品が展示された屋外エリア

えむおーえーびじゅつかん
MOA美術館

絶景も美食も楽しめる美術館

海抜約250m、相模灘を見渡す高台に立つ。国宝に指定されている、尾形光琳の『紅白梅図屏風』や野々村仁清の『色絵藤花文茶壺』をはじめ、東洋美術を中心に絵画や彫刻など、約3500点の作品を収蔵。カフェもあり、アートと食と絶景を楽しめる。
☎0557-84-2511 ⏹熱海市桃山町26-2
Ⓨ入館1600円 🕘9時30分〜16時30分(最終入館は16時) 休木曜(祝日の場合は開館、展示替日) 交JR熱海駅から東海バスMOA美術館行きで7分、終点下車すぐ
Ⓟ200台 MAP P136A3

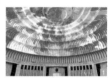

1円形ホールにある日本最大級の万華鏡マッピングが幻想的 2尾形光琳の傑作『紅白梅図屏風』

ここでひと休み

きっさしつやすらぎ
喫茶室やすらぎ

旅館時代にバースペースとして利用された空間で、コーヒーや抹茶などのセットがいただける。庭を眺めながらくつろごう。

1重厚な調度品に囲まれゆっくりお茶が飲める 2起雲閣ブレンド珈琲と今月のクッキー600円

ここでひと休み

ら・ぱていすりー・でゅ・みゅぜー・ぱーる・とし・よろいづか
ラ・パティスリー・デュ・ミュゼー・パール・トシ・ヨロイヅカ

人気パティシエ鎧塚俊彦プロデュースのスイーツ店。4種類の極上ケーキ700円〜を中心に、軽食やドリンクも。

わしょくはなのちゃや
和食 花の茶屋

美しい庭を望む食事処。地産地消とオーガニックにこだわって吟味した食材で作る日本料理を味わえる。

丘陵地に広がる花と緑の楽園
ACAO FORESTで目と心の保養を

世界各国のバラやハーブが咲き誇る、自然いっぱいの花園。
海と空を見渡せる絶景スポットもあり、目と心を楽しませてくれる。

かわいい回転木馬があるよ！

空飛ぶブランコ
海に向かって飛び出しそうな感覚を楽しんで！

あかお ふぉれすと
ACAO FOREST

バラとハーブに包まれた庭園を散策

自然の地形を生かした広大な丘陵地に、13のテーマガーデンが点在。まずは園内バスで丘の上まで行き、徒歩で下りながらガーデンを巡ろう。四季折々に花を楽しめるが、園内が一番華やぐシーズンは、約600種4000株のバラが咲き誇る5月中旬〜6月中旬。高台から見る景色もすばらしく、撮影スポットが充実しているのも大きな魅力だ。

☎なし ⓗ熱海市上多賀1027-8 ¥入園3000円 ⓣ9〜17時（最終入園は16時）ⓗ火曜、ほか季節・天候により臨時休園あり ⓧJR熱海駅から湯〜遊〜バスで26分、バス停アカオ フォレスト下車すぐ ⓟ100台 ⓂⒶⓅP137E3

◀背景を切り抜くデザインの「フレームハウス」

▼斜面に設置された「ハンモックベンチ」は自由に寝転がれる

熱海のシンボル・熱海城（☞P36）の岬庭園（入園無料）では、3月下旬～4月中旬に「熱海城桜まつり」を開催。約200本のソメイヨシノが咲き、飲食出店が並び、夜桜ライトアップも実施する。
☎0557-81-6206 **MAP** P136A4

イングリッシュローズガーデン
色とりどりのイングリッシュローズと宿根草のハーモニーが華やか

バラの谷
階段状の花壇にバラやチューリップなどが植えられ、高台から一望できる

ハーブガーデン
約100種のハーブが植えられたイタリア式ガーデン。針葉樹との調和が美しい

日本庭園「天翔」
相模湾を借景にした日本庭園。世界最大級の松の盆栽「鳳凰の松」は必見

こえだ はうす
🍽 COEDA HOUSE

海を眺めながらティータイム

建築家・隈研吾氏設計による庭園カフェ。丘の頂上付近にあり、テラス席やウッドデッキ、木に囲まれた店内席からも水平線を一望できる。バラや熱海産の食材を使ったスイーツやドリンクとともに楽しもう。

🕘9時30分～16時LO

▶カフェは全面ガラス張り。ゆっくり座って絶景を楽しめる

はーぶこうぼう
🎵 ハーブ工房

工房でゆっくり手作り体験

自然素材を使用した手作り体験ができる。

🕘9時30分～16時（体験は16時最終受付。内容により異なる）

▶ハーブ石けん作り2000円。所要30分～1時間

専門店が集合した話題のスポット

あかおろーず すくえあ
ACAO ROSE SQUARE

ACAO FORESTのふもとにあり、ドーナツ店、ベーカリー、ピッツェリア、セレクトショップの4店舗が並ぶ。ここのみ利用の場合は入園料不要。
☎店舗により異なる 🕘9～17時（店舗により異なる）
休無休 **MAP** P137E3

▲国道135号沿いにある海沿いの洋館

▶「herb house」のオリジナルブレンドハーブティー900円～

絵になる空間でほっとひと息
カフェは"レトロ"がキーワード

昭和から温泉地として賑わった熱海には、レトロな喫茶店が多い。
おしゃれでかわいいカフェも、近年は"レトロ"がキーワードに。

ぼんねっと
ボンネット

昭和27年（1952）に開店した老舗。世界的な名声を得ていた三島由紀夫が足しげく通っていたほか、当代の著名人たちが訪れている。創業当時から変わらぬ味にファンが多いハンバーガーを味わいながら、昭和の時代に想いを馳せよう。

☎0557-81-4960 ⑭熱海市銀座町8-14 ◐10〜15時（変動あり）⑭日曜 ⊗JR熱海駅から徒歩12分 Ⓟなし ⅯⅯⅯ折込表・熱海B3

昭和モダンを体現する文化人の通った店

①熱海銀座の路地を入ったところにある
②おいしさがギュッと詰まったハンバーガー600円

銀座町という地名にふさわしいモダンな店を目指してオープン。その趣を今に伝える店内の中央には、レトロなショーケースが置かれている

JAZZYな店でコーヒーを一杯

ジャズの音色が響き渡る店内をたくさんのポスターやチケット、海外みやげの雑貨などが埋め尽くす。それらすべてが店の歴史を物語っている

じゃずきっさゆしま
ジャズ喫茶ゆしま

奏者がそこに居るような臨場感でジャズが流れる店内。ジャズに魅了され、店を開いて70年以上の時を刻む（開店は1952年）。棚には数え切れないほどのアナログ盤やCDがビッシリと並び、上質な音響でジャズを聴くことが贅沢だった時代を偲ばせる。

☎0557-81-4704 ⑭熱海市中央町5-9 ◐12〜18時 ⑭日〜火曜 ⊗JR熱海駅から徒歩14分 Ⓟなし ⅯⅯⅯ折込表・熱海B3

①ジャズに興味があるなら、立ち寄ってみて
②一杯ずつネルドリップで淹れてくれるコーヒーは400円

谷崎潤一郎と ロバート・キャパ ゆかりの店

文豪・谷崎潤一郎やカメラマンのロバート・キャパにも愛された「仏蘭西菓子MONT BLANC」。モカロール1990円は、初代パティシエが考案した伝統の味。ブレイクにぜひ。☎0557-81-4070 MAP折込表・熱海B3

あたみぷりんかふぇせかんど

熱海プリンカフェ2nd

熱海スイーツブームの火付け役である「熱海プリン」の2号店。店内にはタイル張りの浴槽や風呂桶のトレーがあり、まるでお風呂屋さんのよう。クラシックな固めの皿プリンや、熱海シフォン350円（カップ）などを味わおう。
☎0557-85-1112 住熱海市銀座町10-22 時10～18時 休無休 交JR熱海駅から徒歩12分 Pなし
MAP折込表・熱海B3

コチラも

1 お風呂屋さんにいるような不思議な店内
2 特製カラメルシロップ付きの熱海プリンは380円

若者から圧倒的に支持される心が躍る萌えスイーツ

1日20食限定の皿プリン500円。湯けむりをイメージしたクリームがたっぷり。てっぺんには生クリームにうもれたカバさんクッキーをトッピング

フルーツパフェが大人気 断崖に立つ絶景カフェ

季節のフルーツをたっぷり盛り付けた、旬のフルーツパフェ1800円～が人気メニュー。人気No.1のいちごのパフェ（写真）をはじめ、果物の旬に応じて新メニューを味わえる

れすとらん あんど すいーつ はなのようせい

Restaurant & Sweets 花の妖精

熱海城の向かい、断崖に位置するオーシャンビューのカフェ。レトロな内装の店内にはクラシックが流れ、大きな窓からは絶景を堪能できる。ソムリエでもある店長が作る旬のフルーツパフェは芸術的。カレーなどのランチメニューも提供している。
☎050-3647-2364 住熱海市熱海1993-65 時10～17時 休水曜 交JR熱海駅から湯～遊～バスで12分、錦ヶ浦入口下車、徒歩3分 P6台 MAP P136A4

1 2名分が入っているフルーツティー1800円
2 海側のテーブル席から相模灘の絶景を見渡せる

とっておきの海の幸は
伊豆の玄関口でも楽しめる

伊東や下田もいいけれど、熱海の海鮮料理もおすすめ。
駅前や熱海銀座周辺で美味なる海鮮を味わおう。

熱海駅周辺
わしょくどころ こばやし
和食処 こばやし

熱海駅前の平和通り商店街にある和食メニュー
が評判の店。相模湾や駿河湾でとれた魚介をふ
んだんに使った夢ちらし寿司は1日40食限定で、
これを目当てに休日は行列ができることも。金目
鯛の煮付け定食、西京焼定食各2480円など、海
鮮を中心にしたメニューの豊富さも人気の秘密。

☎0557-81-1686 ㊖熱海市田原本町3-8 ㉕11〜20
時（状況により早まる場合あり）㊡火曜 ㉘JR熱海駅から
徒歩3分 ㋚なし MAP折込表・熱海C2

限定の贅沢丼をはじめ
多彩な和食メニューが揃う

花みくじ

▲和食処にふさわしい落ち着
いた雰囲気　平和通り商店
街の中ほどに位置し、店は2階
にある

夢ちらし寿司　2380円

マグロなどをご飯が見えないほどに
盛り付ける。みそ汁付き（写真はイ
メージ。内容は入荷状況で変わる）

江戸創業の干物店による
天ぷら専門店

カウンターで揚げたて
天ぷらを堪能できる

お刺身付き
日替わり御膳
2800円

5種類の天ぷらのほか、先
付や地魚の刺身なども付
いた豪華な御膳

熱海銀座周辺
てんぷら つるきち
てんぷら 鶴吉

江戸末期創業の釜鶴ひもの店が営む
天ぷら専門店。地魚と地野菜をメイン
に、新鮮なネタを国産の椿油をブレンド
した油でカラリと揚げている。自家製の
ポン酢や藻塩で味わう天ぷらは絶品だ。

☎0557-86-2338 ㊖熱海市中央町11-1
㉕11時30分〜14時LO、17時30分〜20時
LO ㊡木曜、第3水曜（ほか状況により休業あ
り）㉘JR熱海駅から徒歩20分 ㋚2台 MAP
折込表・熱海B3

熱海みやげは
山田屋のカマボコで
決まり！

熱海駅前の平和通り近くの「お魚の
すり身の店 山田屋」（☞P37）。みや
げに最適なバラエティ豊かなカマボ
コが充実している。食べ歩きできる伊
豆揚げ350円などは熱海散策時に
ぜひ。

熱海 ● とっておきの海の幸を伊豆の玄関口で

熱海駅周辺
いろりぢゃや
囲炉茶屋

古民家風の店内は、各テーブルに囲炉
裏があり、全国各地から集められた民芸
品も飾られている。昼は、地魚が盛られ
た刺身定食がおすすめで、夜は囲炉裏
を使って焼く魚介類の串焼きが人気。

☎0557-81-6433 住熱海市田原本町2-6
時11時30分〜14時15分LO、16時30分〜
20時20分LO 休火曜（祝日の場合は要問合
せ）、ほか臨時休業あり 交JR熱海駅から徒歩3
分 PなしMAP折込表・熱海C2

夜に登場するさつま揚
げなどの串焼きセットは
5本1320円

街並みの向こうに海が
見える座敷席

熱海の街を望む
古民家の和食処

刺身定食（昼）
2145円

ワラサ、メダイ、桜エビなど旬の
海の幸が盛り込まれる

熱海きってのおいしい干物ランチを

干物定食（ランチ）
2300円

定番のアジ、カマスをメインに、サ
ラダや小鉢などが付いて充実

アジのタタキ丼、干物焼
きほぐし丼など3種の丼
がのる三色丼2000円

調理の様子が見えて期
待も高まるカウンター席

熱海銀座周辺
かいこうらくぜん かまつる
海幸楽膳 釜つる

150年以上の歴史を誇る干物の老舗・
釜鶴ひもの店の直営店。アジやカマスを
使った干物定食のほか、すぐ近くにある
本店で好きな干物を選び、定食にできる
セット1320円〜も人気をよんでいる。

☎0557-85-1755 住熱海市銀座町10-11
時11時30分〜14時LO、17時30分〜20時
LO 休水曜、第1・3木曜 交JR熱海駅から東海
バスで4分、バス停サンビーチ下車、徒歩2分
P3台MAP折込表・熱海B3

熱海駅周辺
あたみえきまえ・おさかなやどんや
熱海駅前・おさかな丼屋

熱海駅前商店街にあり、見た目も豪華な
丼が好評の海鮮丼専門店。近海でとれ
るキンメダイや熱海サクラマスを使った
熱海らしい海鮮丼や、ウニやイクラがの
った贅沢丼が人気だ。話題の海鮮てっぺ
ん丼は、ダシをかけて味変も可能。テイ
クアウトメニューもある。

☎0557-81-3339 住熱海市田原本町3-7 時10
〜17時（イートインは〜16時LO）休無休 交JR熱
海駅から徒歩2分 PなしMAP折込表・熱海C2

トロ、ウニ、イクラなど5
種類から3つ選べるミニ
丼セット2750円

人気店なので昼時はピ
ークを外して利用を

話題の贅沢丼や
熱海ならではの丼を

海鮮てっぺん丼
2838円

新鮮な魚介類を丼からあふ
れんばかりに盛り付けてある

熱海駅前・おさかな丼屋では、海鮮てっぺん丼をはじめ20種類以上のメニューがテイクアウト可能です。

♪♪ 熱海

1日楽しめる温泉リゾート
ATAMI BAY RESORT KORAKUEN

日帰り温泉、伊豆グルメ、伊豆みやげの3拍子揃うリゾート施設。
絶景露天風呂に浸かって日頃の疲れを癒やし、熱海の休日を満喫しよう。

あたみ ぺい りぞーと こうらくえん

ATAMI BAY RESORT KORAKUEN

日帰りでも楽しめる温泉リゾート

熱海後楽園ホテルの新館「AQUA SQUARE」、熱海エリア最大規模を誇る温泉施設「オーシャンスパ Fuua」、食事やショッピングにおすすめの「IZU-ICHI」などからなる複合型施設。日帰り派も宿泊派もたっぷり楽しめる。

☎0557-81-0041(熱海後楽園ホテル予約センター) 🏠熱海市和田浜南町10-1 🚃JR熱海駅から無料シャトルバスで10分 🅿350台
MAP P136A4・P137E3

※2023年1月現在の情報です。営業内容は変更になる場合があります。
最新情報はHP(https://atamibayresort.com/)でご確認ください。

オーシャンスパ
Fuua

タワー館
(熱海後楽園ホテル)

IZU-ICHI

AQUA SQUARE
(熱海後楽園ホテル)

おーしゃんすぱ ふーあ

オーシャンスパ Fuua

熱海最大級の日帰り温泉施設

露天風呂や水素泉、展望サウナなどを備える男女別のスパゾーンと、館内着で過ごせる男女共用の休憩エリア「アタミリビング」にわかれる。開放的なラウンジで海を眺めたり、岩盤浴で温活したりとゆったり過ごせる。Fuua Caféではオリジナルドリンクも用意。

☎0557-82-0123 🈯入館大人3230円(土・日曜、祝日、特定日は330円増)。17時以降は大人2460円
(最終入館21時) 🈺10〜22時 🈶不定休

露天立ち湯

全長約25m、深さ約1.1mの浴槽湯に浸かると、海との一体感と独特の浮遊感を体感できる

30

テイクアウトの
プリン専門店
「渚の熱海プリン」

熱海で大人気の「熱海プリン」がIZU-ICHIに出店。定番のプリンが各種揃うほか、お風呂上がりにぴったりのソフトクリーム450円～なども販売。
☎0557-81-0800(ラ・伊豆 マルシェ)
MAP P137E3

アタミリビング

8種類の異なる趣向のラウンジやテラスからなる休憩エリア。カフェや読書スペースも

岩盤浴

2種類の岩盤浴のほか、温かい芝の上でくつろげる温談浴や、まどろみがテーマの温睡浴なども備える

Fuua Café

湯上がりに嬉しいドリンクや軽食を用意。海を眺めながら、ゆっくり味わえる

極上の癒やし体験

リラクゼーション

Fuuaには、自然派エステ、手もみ・足つぼマッサージ、アカスリの3つのリラクゼーション施設が揃う。

いず-いち
IZU-ICHI

食事や買い物が楽しめるスポット

「AQUA SQUARE」の2階にある。レストラン「HARBOR'S W」では、伊豆近郊の食材を使用したグリル料理や焼きたてのピザなどを提供。HARBOR'S Wオリジナルバーガー1738円が人気。「ラ・伊豆 マルシェ」には1000種以上の伊豆みやげが揃う。
☎店舗により異なる 休不定休
【HARBOR'S W】☎0557-81-4688(10時～15時30分)🕐11時～23時30分(23時LO)【ラ・伊豆 マルシェ】☎0557-81-0800 🕐9～20時

▲熱海産のレモンと伊豆産のハチミツを使用したレモンジャム780円

❶本格的な釜で焼き上げたピザが好評 ❷「HARBOR'S W」からは海を一望できる ❸季節に合わせたフルーツメニューが揃う「伊豆フルーツバー」

あたみこうらくえんほてる
熱海後楽園ホテル

眺望抜群のホテルで快適ステイ

熱海港近くに立つリゾートホテル。従来のタワー館に加え、多彩な客室タイプを備える新館「AQUA SQUARE」も加わり、さらに魅力がアップ。タワー館の大展望風呂からも相模灘を一望できる。
☎0557-81-0041(熱海後楽園ホテル予約センター)¥1泊2食付き平日1万8850円～ 休前日2万7100円～ 🕐IN15時／OUT10時(タワー館はIN14時／OUT11時)

❶新館のオーシャンビュールーム ❷全室オーシャンビューのタワー館

📖 オーシャンスパ Fuuaの「アフター5」(17時以降に利用)」は入館料が割引になります。露天立ち湯から熱海の夜景も楽しめます。

洗練されたリゾートホテルで リラックスステイ♪

海と山に囲まれた熱海。「東洋のモナコ」とも詠われる珠玉の温泉地で、
自分磨き&癒やしのスパで日頃の疲れをリフレッシュ。

大人も子どもも夢中にさせる
魅力いっぱいのリゾートホテル

最上階のカフェ「ソラノ
ビーチ Books&Cafe」

熱海温泉
ほしのりぞーと　りぞなーれあたみ

星野リゾート　リゾナーレ熱海

海を一望する高台に立つ眺望抜群のホテ
ル。全室オーシャンビューの客室や、森の中
のツリーハウス、白砂を敷き詰めたカフェな
ど、さまざまな施設やアクティビティを揃え、
ほかでは体験できない時間を過ごすことが
できる。

☎050-3134-8093 🏠熱海市水口町2-13-1
🚃JR熱海駅から車で20分 🚌送迎あり（駅から定時
運行）🅿45台 🛏全81室（和洋77、洋4）●2011年
12月創業 MAP P136A4 ♨風呂：内湯2 露天1

╋1泊2食付き料金╋
3万円〜
╋時間╋
IN15時、OUT12時

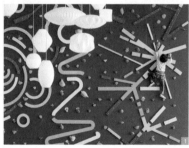

1 館内にあるクライミングウォールに挑戦（無料、当日予約制）
2 オーシャンビューのテラスで癒やしのひとときを

=== リゾナーレ熱海で過ごす1日 ===

ゲストルーム	アクティビティ	大浴場	ツリーハウス	夕食
伊豆の紺碧の海をイメージ	森の空中散歩に挑戦	相模灘を見下ろす眺め	木の上でティータイム	和食またはビュッフェで

   源泉かけ流し　🏠部屋食　エステあり　禁煙ルームあり　大浴場あり　ひとり宿泊OK

熱海温泉

ほてる みくらす
HOTEL MICURAS

相模湾を見渡す海辺のリゾートホテル。展望風呂からは水平線が広がる眺望を楽しみながら温泉を楽しめる。完全個室のスパでは、オールハンドのトリートメントに身を委ね、癒しのひとときを満喫できる。伊豆の旬の食材を使った、心と体にやさしいフレンチも人気。

☎0557-86-1111 🏠熱海市東海岸町3-19 🚃JR熱海駅から徒歩12分 🚐送迎なし Ⓟ25台(有料) 🛏全62室(洋62) ●2006年12月創業 MAP折込表・熱海B2 ♨風呂：内湯2 露天2

1 プライベートバスが付いているスパ・スイート 2 海を眺める癒やしに満ちた客室 3 大浴場も開放感あふれるオーシャンビュー

1 ドッグランもあり愛犬と一緒に宿泊もできる 2 海との一体感を楽しめる露天風呂「スパリウムニシキ」 3 明るい雰囲気のデラックスツインルーム

熱海温泉

ほてるにゅーあかお
ホテルニューアカオ

熱海屈指の景勝地・錦ヶ浦に位置する、全室オーシャンビューのホテル。客室からは相模湾を一望でき、開放感ある露天風呂や大浴場では海のミネラルをたっぷり含んだ天然温泉を楽しめる。夕食はフレンチまたは和食を選べる。

☎0557-83-6161 🏠熱海市熱海1993-65 🚃JR熱海駅から車で10分 🚐送迎あり(駅から定時運行) Ⓟ160台 🛏全100室(洋78、和3、その他19) ●2022年12月開業 MAP P136A4 ♨風呂：内湯2、露天2

熱海温泉

ふふ あたみ
ふふ 熱海

全32室スイートルームで、すべての客室に自家源泉を引いた露天風呂を備え、極上ステイができる。高級コスメブランドSISLEY製品の効果を体感できるトリートメントメニューも用意されているので、自分へのご褒美にぜひ体験してみたい。

☎0570-0117-22 🏠熱海市水口町11-48 🚃JR来宮駅から徒歩5分 🚐送迎あり(要予約) Ⓟ22台 🛏全32室(洋17、和洋15) ●2007年12月創業 MAP折込表・熱海A3 ♨風呂：内湯2 露天2

1 客室の露天風呂で温泉を満喫できる 2 熱海の魚介を中心とした日本料理を楽しめる 3 フィト アロマティック ボディトリートメント90分など

くつろぎのひとときを過ごせる 熱海の名旅館

相模湾を望む絶景や、山海の幸たっぷりの料理、広々とした客室など、一度は泊まってみたい名旅館で、熱海ステイを満喫しよう。

熱海温泉
ふるやりょかん
古屋旅館

熱海に数ある宿のなかでも最も歴史があり、館内には歴史を伝える数々の品が展示されている。源泉は、江戸時代から湧き続ける「清左衛門の湯」で、創業時から変わらずかけ流しで楽しめる。客室はスタンダードタイプでも12.5畳と広々。露天風呂付きの客室も用意し、老舗の名湯をじっくり堪能できる。

☎0557-81-0001 📍熱海市東海岸町5-24 🚉JR熱海駅から徒歩13分 🚌送迎なし 🅿35台 🛏全26室(和6、露天風呂付18、温泉付2) ●1806年創業 MAP 折込表・熱海B2〜3 ♨風呂:内湯2 露天2

1 客室は老舗の伝統を感じさせる数寄屋風造り 2 こだわりの金目鯛の煮付けを味わえるプランが人気 3 名湯をたたえる露天風呂

湯、食、おもてなしに大満足 のれんを守り続ける熱海屈指の名宿

+1泊2食付き料金+
平日2万8860円〜
休前日3万3920円〜
+時間+
IN15時
OUT11時

日本の温泉宿ならではの心づくしのおもてなしを体感できる

水平線から上る朝日を客室の露天風呂から楽しめる

1 海を見渡す客室の露天風呂。東を向いているので朝日が見られる 2 古民家の趣を感じる別館の客室 3 海の幸と厳選した食材で作る体にやさしい和会席膳

+1泊2食付き料金+
平日2万9700円〜
休前日3万800円〜
+時間+
IN14時
OUT10時30分

熱海温泉
ちくりんあん みずの
竹林庵 みずの

網代の小高い丘の上に立ち、全室に海を見渡す露天風呂を備えている。健康志向を意識した和の会席膳も客室でいただけるとあって、日常を忘れておこもりするには最適だ。エステルームも備えているので、温泉と合わせて心身をリフレッシュしよう。

☎0120-384-114 📍熱海市網代627-363 🚉JR網代駅から車で10分 🚌送迎あり 🅿20台 🛏全14室(露天風呂付14) ●1978年創業 MAP P137E4 ♨風呂:露天1 貸切2

🌊源泉かけ流し 🍴部屋食 💆エステあり 🚭禁煙ルームあり ♨大浴場あり 🛁ひとり宿泊OK

料亭旅館 熱海 小嵐亭

熱海温泉
りょうていりょかん あたみ こあらしてい

明治中期に皇太子に仕えた子爵が建てた別荘を前身とする、由緒ある宿。日本庭園を囲むように本館客室と離れがある。きめこまかなサービスとともに供される山海の幸を使った会席料理や、大浴場からの眺めも素晴らしい。

☎0557-81-6655 住熱海市小嵐町1-16 交JR熱海駅から伊豆東海バス紅葉ヶ丘、ひばりヶ丘行きで15分、バス停小嵐口下車、徒歩1分 □送迎なし P15台 室全24室(和15、離れ5、特別室4) ●1988年創業 MAPP136A4 ♨風呂：内湯2

✛1泊2食付き料金✛
平日4万1000円～
休前日4万7000円～
✛時間✛
IN15時 OUT11時

1 肌に優しい弱アルカリ性塩化物泉の温泉を引く大浴場 2 丁寧にひいた出汁をベースとした会席料理 3 自然との調和がとれた日本庭園は散策にも最適

1 古民家を移築して脱衣所に利用している男性用露天風呂「古狸の湯」2 新鮮な山と海の幸を使った懐石料理はプレミアムダイニングで 3 静謐の時間を心ゆくまで愉しめる

✛1泊2食付き料金✛
平日3万8800円～
休前日4万2120円～
✛時間✛
IN14時 OUT11時

あたみ石亭

熱海温泉
あたみせきてい

熱海を代表する高級宿の一つ。名石を配した石庭に、京風の数寄屋造りの離れが点在。日本の美の粋を凝らした静謐な宿では、美食と湯量豊富な温泉、美しい景色が非日常へと誘う。日本茶カフェやショップも見逃せない。

☎0557-83-2841 住熱海市和田町6-17 交JR熱海駅から車で10分 □送迎なし P20台 室全27室(和5、貴賓室4、露天付4、特別室1、離れ13) ●1961年創業 MAPP136A4 ♨風呂：露天2 貸切2

熱海 大観荘

熱海温泉
あたみ たいかんそう

日本庭園が広がる、数寄屋造りの宿。宿の名は、創業者と親交の深かった日本画家・横山大観にちなんで付けられた。創業70年以上の歴史を大切しつつも、洋室や貸切露天風呂を新設するなど、時代に合わせて進化を続け、年代を問わずに快適に過ごせる。

☎0557-81-8137 住熱海市林ガ丘町7-1 交JR熱海駅から車で5分 □送迎あり(定期運行) P40台 室全37室(和25、洋8、和洋8) ●1948年創業 MAP折込表・熱海B1 ♨風呂：内湯3 露天3 貸切3

✛1泊2食付き料金✛
平日3万7550円～
休前日4万3050円～
✛時間✛
IN15時
OUT10時30分

1 展望のよい大浴場「山王の湯」は2021年にリニューアル 2 このエントランスを通ってくつろぎの空間へ 3 写真の普通室のほか多彩なタイプの部屋が揃う

ココにも行きたい

熱海のおすすめスポット

あたみじょう
熱海城

熱海の町を見下ろす天守閣

海抜120mの錦ヶ浦の頂に立つ外観5層、内部9階の城郭。安土桃山時代の建築様式にのっとり、昭和34年(1959)に築城された。天守閣からは熱海を一望でき、武家文化資料展や日本城郭資料展などのみどころがある。**DATA**☎0557-81-6206 **住**熱海市熱海1993 **¥**入城1000円 **◷**9〜17時 **休**無休 **交**JR熱海駅から湯〜遊〜バスで20分、バス停熱海城下車すぐ **P**250台 **MAP**P136A4

にしきがうら
錦ヶ浦

熱海きっての美しさを誇る景勝地

熱海港の南側、海上から高さ約80mの断崖が連なる景勝地。魚見崎から約2kmに渡って遊歩道が整備されており、波の浸食による兜岩、烏帽子岩など奇岩が連なる絶景を望める。ゆっくり散策を楽しめる。**DATA**☎0557-85-2222(熱海市観光協会) **住**熱海市熱海 **¥休**散策自由 **交**JR熱海駅から網代旭町行きバスで12分、バス停錦ヶ浦下車、徒歩2分 **P**なし **MAP**P136A4

はしりゆ
走り湯

1000年の時を感じる熱海の源泉

1300年前に発見された源泉で、飛ぶように走り落ちる様子が名前の由来。日本では珍しい横穴式源泉で、奥行き5mの洞窟から毎分170リットルの湯が湧出する。洞窟内は薄暗いので、入るときは注意しよう。**DATA**☎0557-81-2631(伊豆山温泉観光協会) **住**熱海市伊豆山604-10 **¥**見学無料 **◷**8〜16時 **休**無休 **交**JR熱海駅から伊豆山行きバスで5分、バス停逢初橋下車、徒歩5分 **P**なし **MAP**P136B3

あたみげいぎけんばん ゆめまちをどり はなのまい
熱海芸妓見番 ゆめまちをどり 華の舞

艶やかに舞う芸妓さんの舞台

華やかな花街の雰囲気が残る清水町の一角にあり、芸妓が踊りの稽古をする「芸妓見番歌舞練場」で舞を鑑賞できる。鑑賞は基本的に土・日曜。**DATA**☎0557-81-3575 **住**熱海市中央町17-13 **¥**鑑賞1800円(お茶付き。予約優先) **◷**11時〜(所要約30分) **休**月〜金曜、8月。ほか特別公演あり(HP参照) **交**JR熱海駅から東海バスで9分、バス停清水町下車すぐ **P**なし **MAP**折込表・熱海B3

芸妓さんの華やかな演舞を楽しめる

熱海の文化を間近に鑑賞。艶やかな着物や小道具にも注目

いずさんじんじゃ
伊豆山神社

源頼朝が源氏再興を祈願した古社

源氏の守護神として知られ、強運・天下取りの神を祀る。源平合戦の際には源頼朝が勝利を祈願し、のちに徳川家康も天下取りを祈願したという。災いを跳ね返す強運の御守りも人気。境内には郷土資料館(見学は有料)もある。**DATA**☎0557-80-3164 **住**熱海市伊豆山708-1 **◷**境内自由 **交**JR熱海駅から湯〜遊〜バスで8分、バス停伊豆山神社下車すぐ **P**30台 **MAP**P136A3

たからてい
宝亭

熱海っ子を虜にするスパイスカレー

昭和22年(1947)創業で、地元の人に愛され続けている洋食店。独自の配合でブレンドしたこだわりのスパイスでまろやかに仕上げたカツカレー1150円が一番人気。静岡県のふじの国ポークを使ったサクサクのカツも存在感たっぷり。**DATA**☎0557-82-3111 **住**熱海市銀座町5-10 **◷**11〜17時 **休**木曜 **交**JR熱海駅から徒歩15分 **P**7台 **MAP**折込表・熱海B3

まりんすぱあたみ
マリンスパあたみ

熱海湾の眺望が自慢のプール&スパ

水着で遊べる流れるプールやウォータースライダー、健康温浴室などがある日帰りスパ施設。眺望は抜群。**DATA**☎0557-86-2020 **住**熱海市和田浜南町4-39 **¥**入館1360円(15時以降は1120円) **◷**10〜19時(夏期は要問合せ) **休**木曜(夏休み中は営業)、ほか臨時休館あり **交**JR熱海駅から熱海港・後楽園行きバスで8分、バス停マリンスパあたみ下車すぐ **P**125台 **MAP**折込表・熱海B4

そばどころ たが
そば処 多賀

挽きたてのそばの香りを楽しむ

安政2年(1855)に建てられた豪商の古民家を移築したそば専門店。茨城県の契約農家から仕入れた玄そばを、その日に使う分だけ挽いた香り豊かなせいろそば750円(写真)が食べられる。ほかにも天せいろ1750円などメニューが豊富。**DATA**☎0557-68-1012 **住**熱海市上多賀798 **◷**11時〜15時50分LO **休**木曜(祝日の場合は前日) **交**JR伊豆多賀駅から徒歩10分 **P**20台 **MAP**P137E3

🍜 海の味処 笑ぎょ
うみのあじどころ しょうぎょ

とれたての新鮮魚介ならココ!

網代港の目の前、水揚げされたばかりの新鮮な魚介が楽しめる食事処。旅行客にも地元の人にも人気の高いメニューは、水揚げされた日のみ提供する活きイカのお造り（時価）。地元の漁師と連携していて、とれたてを味わえる。**DATA** ☎0557-68-0663 🏠熱海市網代55-8 🕐11時〜14時30分LO、17〜20時LO 🈵水曜、毎月最終週の火・水曜 🚃JR網代駅から徒歩12分 🅿13台 **MAP** P137E3

🍜 茶房 藍花
さぼう あいばな

伊豆特産の天草を使用したあんみつ

熱海駅前のターミナルからのびる仲見世通りにある落ち着いたカフェ。伊豆産の天草を使った寒天が魅力の白玉クリームあんみつ990円（写真）などの甘味が充実。自家焙煎のオリジナルブレンドやストレートコーヒー650円〜などドリンクも豊富。**DATA** ☎0557-83-5566 🏠熱海市田原本町7-6 🕐10時30分〜16時30分LO 🈵無休 🚃JR熱海駅から徒歩1分 🅿なし **MAP** 折込表・熱海C1

🍰 いちごBonBonBERRY ATAMI HOUSE.
いちごぼんぼんべりー あたみ はうす.

イチゴづくしのスイーツショップ

「いちごスイーツの夢のアトリエ」をテーマに、1階はテイクアウトとみやげ、3・4階がカフェと、まるごとイチゴスイーツを扱う。苺ショートケーキ大福1個580円（写真）やソフトクリームなど種類も豊富。**DATA** ☎0557-55-9550 🏠熱海市田原本町3-16 🕐10〜18時 🈵無休 🚃JR熱海駅から徒歩2分 🅿なし **MAP** 折込表・熱海C2

🍽 café 田園
かふぇ でんえん

懐かしくも不思議な空間

昭和34年（1959）創業のレトロなカフェ。店内には、コイが泳ぐ水槽がある少し不思議な空間が広がる。一番人気のナポリタン780円（サラダ付）に加え、玉子サンド700円やドリップコーヒー450円〜も人気が高い。大人レトロな店内でぜひ。**DATA** ☎0557-81-5452 🏠熱海市渚町12-5 🕐9〜19時 🈵木曜（祝日の場合は営業）🚃JR熱海駅から徒歩15分 🅿なし **MAP** 折込表・熱海B3

🛍 パン樹 久遠
ぱんじゅ くおん

熱海駅近くの人気ベーカリー

外はサクサク、中はモチモチ食感で人気のクロワッサン220円は、天然酵母を使用したこだわりの一品。本格的なフランスパンや総菜パン、デニッシュ各種220円〜などバラエティ豊かに揃う。人気店なので早めの時間に訪れて。**DATA** ☎0557-81-3310 🏠熱海市田原本町7-3 🕐8〜18時（パンがなくなり次第終了）🈵不定休 🚃JR熱海駅から徒歩2分 🅿なし **MAP** 折込表・熱海C1

🛍 磯揚げ まる天
いそあげ まるてん

みやげに人気のさつま揚げ

熱海駅前からのびる平和通り商店街にあるさつま揚げの専門店。イカ天370円やたこ棒400円をはじめ、テレビでも紹介されるじゃがバター天320円（写真）など、品揃えは13品。みやげだけでなく、揚げたてを店頭で味わえるのもうれしい。**DATA** ☎0557-85-3737 🏠熱海市田原本町6-3 🕐9時〜17時30分 🈵無休 🚃JR熱海駅から徒歩2分 🅿なし **MAP** 折込表・熱海C1

🛍 魚とや
ととや

キンメダイやアジなどが人気の干物店

沼津や小田原の市場で仕入れた魚を扱う干物店。近海でとれたキンメダイ600円〜（写真）は、干物では珍しい伊豆の特産品。定番人気のアジ300円〜などに加え、エビのみりん干し、マグロのホホ肉といった珍しいものも。購入時に焼き方を教えてもらおう。**DATA** ☎0557-81-4286 🏠熱海市田原本町3-11 🕐9時〜17時30分 🈵不定休 🚃JR熱海駅から徒歩2分 🅿なし **MAP** 折込表・熱海C1

🛍 お魚のすり身の店 山田屋
おさかなのすりみのみせ やまだや

素材のおいしさを存分に味わう

練り物専門店で、店頭では揚げたての伊豆揚げ1本350円を販売。保存料などは使わず素材のよさを生かして作られている。しいたけ坊ちゃん丸3個入り990円（写真）や、いかめんち3個入り650円など。**DATA** ☎0557-82-3170 🏠熱海市桃見町10-1 🕐9時〜17時30分 🈵無休 🚃JR熱海駅から徒歩5分 🅿なし **MAP** 折込表・熱海B2

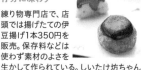

🛍 本家ときわぎ
ほんけときわぎ

熱海の情緒を伝える建物と和菓子

京都の宮大工が手がけた建物が目を引く和菓子店。大正時代から続く老舗で、和菓子はすべて手作りの無添加。きな粉がたっぷりとかかったたきび餅8個入り550円〜（変動あり）は、できたての軟らかさが口の中でとろけるよう。**DATA** ☎0557-81-2228 🏠熱海市銀座町14-1 🕐9時30分〜17時30分 🈵水・木曜（祝日の場合は営業）🚃JR熱海駅から徒歩15分 🅿なし **MAP** 折込表・熱海B3

📖 ブドウのような房状の紫の花が美しいジャカランダ。6月上旬から国道135号沿いのジャカランダ遊歩道と親水公園で見られます。

ハンモックでゆったりお昼寝 初島でプチバカンス♪

熱海の海岸から見える初島。片道約30分の船旅で気軽に行ける有人島には、ハンモックでくつろげるガーデンや温浴施設もあり、バカンス気分が味わえる。

熱海から船で30分

はつしま 初島ってこんなところ

相模湾に浮かぶ 県内唯一の有人島

熱海から約10kmの沖合に浮かぶ小さな島。約1時間ほどで一周できる島内には、アジアンガーデンや温浴施設を有する「PICA初島」があり、遊歩道にはハイビスカスなど南国の植物が咲き誇っている。港の近くにあるレトロな風情の食堂街で味わう魚介料理もおすすめ。熱海から手軽に行ける、南国リゾート気分満点のスポットだ。

問合せ ☎0557-67-1400（初島観光案内所）

アクセス 熱海港から初島へは富士急マリンリゾートの高速船で約30分（往復乗船料2640円）

広域MAP P137F4

気持ちイイ〜〜！

青い空の下でのんびりお昼寝

初島拡大図

初島港／船着場
Shima Terrace 初島 └初島観光案内所
初島漁協スーパー
食堂街 みやした
初木神社 民宿街
拝みの丘散策コース
アジアンガーデン R-Asia
PICA初島
海泉浴「島の湯」
グランドエクシブ 初島クラブ
海のプール
初島灯台 アイランドキャンプ ヴィラ
初島アドベンチャー SARUTOBI
松林散策路
N
200m

湯河原 熱海 真鶴岬 熱海ビーチライン 熱海市 初島 伊東線 網代

ランチはコチラ

海鮮バーベキューはコース3000円〜

あじあんがーでん あーるえいじあ アジアンガーデン R-Asia

南国の風を感じながらお昼寝タイム

パームツリーとパラソル、そしてハンモック。リゾート感あふれるガーデンは、とっておきのくつろぎ空間。風に揺られるハンモックで横になってゆっくりお昼寝。海鮮バーベキューやアジアンフードを提供する「Terrace Restaurant ENAK（エナ）」もある。

☎0557-67-2151（PICA初島）
住 熱海市初島1113 ¥入園950円
⏰9〜16時 休木曜 初島港から徒歩13分 Pなし

1 海を眺められるブランコもぜひ体験を 2 何百種類もの亜熱帯の植物が生い茂る園内への入口

初島のシンボル。
白亜の灯台の
展望デッキへ

島の東側の丘陵にある「初島灯台」は、外側にらせん階段が設置されている珍しい造り。入場料300円で展望デッキへ行くことができ、天気がよければ富士山や伊豆諸島、房総半島まで望める。☎0557-67-3100

熱海 ● 初島でプチバカンス♪

かいせんよく「しまのゆ」
海泉浴「島の湯」

ミネラル分たっぷりの海泉浴

雄大な海を見渡せる入浴施設。地下40mから汲み上げる井戸水は、細胞を活性化させるナトリウム、マグネシウム、カルシウムなどのミネラル分が海水以上に溶け込んでいて、老廃物の排出や新陳代謝を促す効果が期待できるという。水平線が丸く見えるほど、遮るものがない大海原を眺めながら、身体を内側からリフレッシュ。海岸線ぎりぎりに設けられた露天風呂で、離島ならではの開放感を満喫しよう。

☎0557-67-2151（PICA初島）住熱海市初島1113 ¥入浴900円 ⏰10～17時 休木曜（GW・春休み・夏休み・年末年始は営業）交初島港から徒歩10分 Pなし

開放的な海～♪

1 男女とも眺望抜群の露天風呂を用意 2 どこまでも海が広がるお風呂でリラックス 3 海岸に立つ日帰り温泉施設。露天風呂のほかに男女別に内湯もある。フェイスタオル（販売400円）も

このスリルはハマるかも！

はつしまあどべんちゃー さるとび
初島アドベンチャー SARUTOBI

スリル満点の綱渡りを楽しもう

生い茂る樹木とほぼ同じ高さに設置されたワイヤーや板の上を、ハーネスに結ばれたロープを頼りに渡るアクティビティ。高さ数mに張られたワイヤーの上に一歩を踏み出すのは、少し勇気が必要かも。

☎0557-67-1462 住熱海市初島1113 ¥入場1900円（要事前予約）⏰10～16時受付（時期により変動あり）休木曜（GW・春休み・夏休み・年末年始を除く）交初島港から徒歩8分 Pなし

1 バランス良く歩かないとワイヤーが左右に揺れる 2 コース中にはさまざまなアクティビティを用意

最後はターザンのようにジップスライド！

ここでひと休み

▲1年を通して一番人気の、のり丼1100円
▶新鮮な魚介類がたっぷりのった三鮮丼1800円

みやした
みやした

朝どれ鮮魚を格安で

漁港前の食堂街にある一軒。アジやイカ、サザエなど季節ごとの海の幸を刺身や煮付けなどで提供している。島でとれる明日葉や乾燥海苔を使った丼など、ここでしか味わえないメニューも充実。

☎0557-67-1466 住熱海市初島217-7 ⏰11～16時 休不定休 交初島港から徒歩1分 Pなし

📖 晴れた日はとても気持ちのよい初島。帰りの船を待つ時間を利用して、食堂街で地魚料理やお酒を楽しむのもおすすめです。

これしよう！
日常を忘れさせてくれる
絶景＆スリルさんぽ

城ヶ崎海岸のスリリングな
絶景さんぽに思わずドキ
ッとしちゃう。☞P46

これしよう！
高原レストランで
地元食材のランチ

伊豆高原のダイニングで、
自分へのごほうびランチは
いかが。☞P52

これしよう！
古きよき温泉街を
そぞろ歩き

伊東市街では昭和の木造
建築の傑作・東海館を見学
しよう。☞P42

伊豆高原には人気
のスイーツカフェも

懐かしの温泉情緒と高原ライフを楽しむ

伊東・伊豆高原
いとう・いずこうげん

こんなところ

昭和初期に建てられた建築物が残
り、古くて懐かしい温泉情緒が楽
しめる伊東。伊東駅から伊豆急行
線でアクセスする伊豆高原エリア
は、昭和30年ごろから発展した避
暑地。センスのいいカフェやレス
トラン、個性的なミュージアムが
揃っている。

access

●電車・バス

伊東駅

バス27分 ↑↓ 伊豆急行線9分

一碧湖

バス4分 ↑↓ 川奈駅 ／ 伊豆急行線7分

池田美術館

バス9分 ↑↓ 富戸駅 ／ 伊豆急行線3分

シャボテン公園

バス4分 ↑↓ 城ヶ崎海岸駅 ／ 伊豆急行線4分

理想郷東口

バス5分 ↑↓

大室高原7丁目

バス7分 ↑↓

伊豆高原駅

●車

伊　東

国道135号 約6km

川　奈

国道135号 約11km

伊豆高原

国道135号・県道109号 約7km

城ヶ崎海岸

※伊東・伊豆高原までの交通はP128〜の
交通ガイドを参照

問合せ ☎0557-37-6105
伊東観光協会
広域MAP P139F1〜3

～伊東・伊豆高原 はやわかりMAP～

観光のヒント
伊東は徒歩でもOK
伊豆高原は徒歩とバスで
温泉好きなら伊東市内で七福神の湯めぐりが楽しい。伊豆高原では登山リフトに乗って、眺めのいい大室山へプチハイキング。

2つの半島を望む
和みの海浜公園
彫刻が点在し、晴天時は周辺との絶景コラボを楽しめる
（☞P58）

深い森の中の湖は別名"伊豆の瞳"
紺碧に輝く神秘的な湖は、わざわざ行く価値あり！（☞P58）

ピクニカルコースのハイライト
スリリングな吊り橋の高さは、なんと海上23m！（☞P46）

日本サイクルスポーツセンター
熱海へ
宇佐美
伊豆スカイラインCC
伊東線
道の駅 伊東マリンタウン
なぎさ公園
伊豆市
① 伊東温泉
伊東
伊東港
ジオポート伊東
汐吹公園
観光・文化施設 東海館
伊東市役所
南伊東
川奈海水浴場
冷川IC
59
冷川峠
川奈
修善寺へ
小室山公園
川奈ホテルGC
小室山
12
松川湖
相 模 灘
伊東CC
351
碧湖
135
池田20世紀美術館
② 伊豆高原の温泉
伊東市
伊豆シャボテン動物公園
富戸
伊豆ぐらんぱる公園
580
大室山
111
伊豆急行
矢筈山
城ヶ崎海岸
門脇つり橋
城ヶ崎海岸
伊豆海洋公園
伊豆四季の花公園
伊豆高原
遠笠山
八幡宮来宮神社
ジオテラス伊東
天城高原
浮山温泉郷
東伊豆町
城ヶ崎ピクニカルコース
天城山
0　　　　2km
万二郎岳
伊豆稲取へ
③ 赤沢温泉郷

伊東・伊豆高原

伊東・伊豆高原エリアの温泉

いとうおんせん
1 伊東温泉
関東屈指の湧出量を誇る温泉地。市内には「伊東七福神の湯」とよばれる共同浴場が点在している。

いずこうげんのおんせん
2 伊豆高原の温泉
海を一望できる旅館やオーベルジュ、ペンションが点在。どの宿泊施設でも湯量豊富な温泉が楽しめる。

あかざわおんせんきょう
3 赤沢温泉郷
赤沢温泉に立つ赤沢日帰り温泉館（☞P54）では、絶景の露天風呂や女性に人気のエステが充実。

伊東・伊豆高原2日券
伊東から伊豆高原エリアまで行ける、東海バスの2日間乗車券1500円。東海バスの伊東駅案内所などで販売。

東海館の障子には伊豆のモチーフが むかし町の伊東は建築に注目

石畳の遊歩道や木造建築の東海館など、町なかを流れる松川を中心に、
風情ある風景に出会える。温泉街の雰囲気も味わいながら散策に出かけよう。

伊東ってこんなところ

昭和初期の面影が残る温泉街

全国でも有数の温泉地で、多くの文人が湯治に訪れた町。松川沿いに旅館が立ち並び、川沿いの柳が風情を醸し出している。東海館などの建築物のほかに、伊東港直送の魚介が味わえる店も軒を連ねる。

問合せ ☎0557-37-6105(伊東観光協会)
アクセス JR熱海駅からJR伊東線で30分、JR伊東駅下車
広域MAP P139F1

おすすめコース
ぐるっと回って約2時間

スタート&ゴール
JR伊東駅
徒歩12分 ／ 徒歩10分
④cafe TATI sweets ／ ①観光・文化施設 東海館
徒歩1分 ／ 徒歩2分
③伊東観光番 ／ ②松川遊歩道
徒歩2分

この建物に注目です

伊東市街で圧倒的な存在感を放つ木造建築

とうかいかん きっさしつ
東海館 喫茶室
ちょっとひと休み

1階の松川に面した部屋や渡り廊下は喫茶室となっている。川沿いの緑を眺めながら甘味などを味わえる。

松川の緑と水を眺めながらお茶を

▲クリームあんみつ660円

▲和菓子付き抹茶セット770円

かんこう・ぶんかしせつ とうかいかん
① 観光・文化施設 東海館

贅をこらした木造建築で昔の温泉街の活気にふれる

伊東温泉を象徴する宮造りの豪壮な木造建築。昭和3年(1928)に建てられ、3層の各階を3人の棟梁に任せ、腕を競わせた。格天井が美しい百畳敷きの宴会場や意匠の異なる客室など、細部に目を奪われる。現在は、温泉宿の役目を終え、伊東観光の目玉となっている。

☎0557-36-2004 住伊東市東松原町12-10 ¥入館200円 ⏰9～21時(最終受付は20時。喫茶は10時～16時30分LO) 休第3火曜(祝日の場合は翌日) 交JR伊東駅から徒歩10分 P周辺駐車場利用 MAP折込表・伊東B2

＋＋＋＋＋＋＋＋＋＋＋ ここに注目 ＋＋＋＋＋＋＋＋＋＋

▼飾り障子【帆掛け船】帆掛け船など漁師町ならではの細工が施されている

▲唐破風の玄関表には朝日と鶴。裏には亀などの縁起物を彫刻

▼飾り障子【網漁】2階牡丹の間は網を干している意匠の障子が印象的

1宴が行われた大広間 2客室などは創業当時のまま 3風呂は土・日曜、祝日の11～19時に入浴可能。500円(入館料別)

松川沿いを飾る
遊歩道の
竹あかり

松川遊歩道の東海館前から音無神社にかけてと近くの湯の花通りでは、日暮れから22時まで毎日、竹あかりを点灯。音無神社では、ハート型絵馬600円も授与している。
MAP 折込表・伊東C2

❷ 松川遊歩道
まつかわゆうほどう

海からの潮風が気持ちいい遊歩道

松川沿いに整備された敷石の遊歩道。大川橋近くからは対岸に東海館が望め、「静岡の町並み50選」にも数えられている。河口近くの川口公園は、絶好の夕涼みスポットとなっている。時間をとってゆっくり訪れよう。

☎0557-37-6105(伊東観光協会) 🏠伊東市竹の内～渚町
¥散策自由 🚃JR伊東駅から徒歩10分 🅿周辺駐車場利用
MAP 折込表・伊東B2

🔟敷石と柳の景色が美しい散歩道。時間や季節で雰囲気が変わる
🔟東海館のはす向かいにある温泉モニュメントから滔々と湯が流れ出る

❸ 伊東観光番
いとうかんこうばん

この建物に
注目！

歴史ある交番建物が街の観光番に変身

昭和33年(1958)に設置された旧伊東警察松原交番。47年間の役目を終え、現在は街の観光番となって伊東自然歴史案内人会のスタッフが毎日観光情報を提供している。建物は、国の登録有形文化財に指定されている。

☎0557-37-3550 🏠伊東市渚町2-48 🕙10～15時 🈔無休 🚃JR伊東駅から徒歩12分 🅿なし MAP 折込表・伊東C2

中には観光案内の係りの人がいるので訪ねてみよう

❹ cafe TATI sweets
かふぇ たち すいーつ

散策の
最後に

路地にひっそりとある隠れ家的スイーツカフェ

白を基調とした内装が印象的な、伊東の隠れた人気カフェ。女性パティシエが作るケーキやパフェは、ひと口ごとに幸せな気分になれる絶品ばかり。ほかにも、自家製ハーブやオリーブのお茶といったオリジナルドリンクも人気だ。

☎0557-36-3732 🏠伊東市渚町2-6 🕙11時30分～18時30分 🈔月曜(月に1回連休あり) 🚃JR伊東駅から徒歩12分 🅿5台
MAP 折込表・伊東C2

🔟パフェタチ1000円。クマさんがのった大人気のパフェ 🔟一番人気はタルトショコラ500円 🔟内装はフランス出身の映画監督ジャック・タチの作品に影響を受けたものだそう

📖 伊東駅周辺には、湯の花通り、キネマ通りなどの昭和レトロな商店街がいくつかあります。

港直送の新鮮な寿司&丼
伊東のおいしい海の恵み

熱海や東伊豆は、伊豆半島の各漁港からとれたての魚介が集まるエリア。
その日に揚がった地魚をお手頃価格で味わえる店が点在している。

ランチにぎり 1200円
白身魚やマグロなど6貫に
細巻き、玉子焼きが付いた
人気メニュー

伊東

みよしずし
美よし鮨

季節ごとに厳選した地魚づくし

親子2代で50年以上、地元の人やファンに愛されて
いる名店。伊東でとれた魚を中心に、キンメダイやア
ジといった地魚を常時10種類ほど楽しめる。ランチは
握り寿司のほか、自家製のタレと大根おろしで食べる
アジ丼や穴子丼など4種類。小鉢やお吸い物も付く。
☎0557-37-4487 住伊東市湯川1-16-15 ⏰11〜20時(ラン
チは〜15時) 休木曜 交JR伊東駅から徒歩1分 Pなし
MAP折込表・伊東A1

駅から徒歩1分の便利な場所に立つ

三つ葉入りの
玉子焼きは
自信作!

2代目店主の
森田さん

海女っ子寿司
2700円
ネタはどれも肉厚。アジ
や甘エビ、ウニ、イクラなど
魚介がたっぷり

伊東

すしのあまや
寿司の海女屋

多彩なネタはどれから食べるか迷うほど

伊東の魚市場で競り落とした魚介を、寿司や刺
身、煮魚などで楽しめる。注文を受けたあと、丁
寧にタレをかけながら煮付ける地魚をはじめ、日
によってメニューは変わる。日本全国から選りす
ぐった日本酒のラインナップも充実。
☎0557-35-0035 住伊東市湯川1-15-7 ⏰11〜15時、
17〜20時(土・日曜、祝日は11〜20時) 休火・水曜 交JR伊
東駅から徒歩2分 Pなし MAP折込表・伊東A2

壁に描かれている
幸せのお椀が目印

珍魚・ウズワを定食スタイルで食べてみよう！

伊東港で水揚げされた魚を中心に提供する「伊豆海鮮商 まるたか」。カツオの一種・ウズワは、刺身、丼、茶漬けと三変化で楽しめるうずわ定食1280円（写真）でぜひ。☎0557-38-0105 MAP折込表・伊東A1

伊東
ふじいち
ふじいち
海鮮問屋直営店のボリューム満点丼

伊東魚市場で買い付ける鮮魚を、海鮮丼や定食で提供する食事処。名物のふじいちおまかせ丼は、タチウオやカンパチ、サワラといった、旬の魚介約12種類を、丼からあふれんばかりに盛り付けたボリューム満点の一品だ。旬魚のタタキがのったネゴめし1540円も人気。

☎0557-37-4705 伊東市静海町7-6 ◯10〜15時LO 休火曜 交JR伊東駅から徒歩17分 P20台 MAP P139F1

ふじいちおまかせ丼
2310円
どんな魚介がのってくるかはその日のお楽しみ。小付、アラ汁またはみそ汁、香の物付き ※写真はイメージ

1階で販売する干物も食事処で味わえる

漁師の漬け丼
2500円
マグロ、サーモン、イクラなどを、こぼれんばかりに盛った究極の漁師めし

伊東
いずこうげんびーる うみのまえのかふぇれすとらん
伊豆高原ビール 海の前のカフェレストラン
新鮮な海の幸があふれんばかり！

とれたての魚介を使った海鮮丼や漁師めしは、漁師の漬け丼のほか、釜揚げの桜エビとシラスがたっぷり入った静岡丼1740円などが人気だ。醸造所直送の伊豆高原ビール480円〜もぜひ。

☎0557-38-9000 伊東市湯川571-19 道の駅 伊東マリンタウン1階 ◯11時〜20時30分 休無休 交JR伊東駅から東海バスで5分、バス停マリンタウン下車すぐ P298台（道の駅 伊東マリンタウン駐車場利用）MAP P139F1

海側には景色のいいテラス席も用意

伊東
すしのすずまる
すしの壽々丸
当日朝に水揚げした鮮度抜群の地魚の握り

地元で愛されて40年以上の寿司処。伊東、下田、稲取で釣った地魚を中心に、旬のネタを使用した握りを味わえる。キンメダイの握りだけでも生、炙り、漬け、味噌漬けとバリエーション豊かで、いろいろな食べ方を楽しめる。

☎0557-36-7387 伊東市猪戸1-8-36 ◯11〜14時、17〜22時（土・日曜、祝日は11〜22時）休水曜 交JR伊東駅から徒歩5分 P契約駐車場あり MAP折込表・伊東A2

相模
3520円
旬のネタの握り9貫と巻物に汁物が付く、人気のセットメニュー

大将との会話も楽しみなカウンター席

📖 伊東港（MAP P139F1）の近くには、早朝から営業する海鮮料理の店がいくつかあります。

高さ23mの吊り橋から眺める
城ヶ崎海岸をハイキング

海面からの高さ23mの吊り橋や断崖が続く絶景の海岸線。
大自然のスリルを体験できる、城ヶ崎ピクニカルコースを歩いてみよう。

歩くとちょっとゆれる全長48mの門脇つり橋を渡ろう

城ヶ崎
じょうがさきかいがん
城ヶ崎海岸

思わず息をのむ、圧倒的な大自然の美しさ

約4000年前の大室山(☞P48)の大噴火により流れ出た溶岩で形成された海岸線。永年にわたる波の浸食により作られた奇岩の造形美に目を奪われる。起点となるぼら納屋から門脇つり橋を経由して、四季の花々が美しいフラワーガーデンに至る約3kmのピクニカルコースが設けられている。

☎0557-37-6105(伊東観光協会) 🏠伊東市富戸 💰🚫 🕐散策自由 🚃起点となるぼら納屋へは伊豆急行城ヶ崎海岸駅から東海バス川奈ホテル経由、伊東駅行きで5分、バス停城ヶ崎口下車、徒歩10分 🅿️市営門脇駐車場123台(1日500円) MAP P139F4

\吊り橋周辺で見られます/

城ヶ崎ブルースの歌碑
昭和43年(1968)にヒットした黒沢明とロス・プリモスの歌詞を顕彰

つばくろ島
波の浸食により、険しい断崖となった孤島

遠くに見える大島
晴れた日には大島が見えることもある

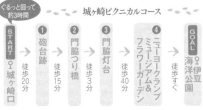

ぐるっと回って約3時間　　城ヶ崎ピクニカルコース

START 城ヶ崎口	① 砲台跡	② 門脇つり橋	③ 門脇灯台	④ ニューヨークランプミュージアム&フラワーガーデン	GOAL 伊豆海洋公園
徒歩20分	徒歩15分	徒歩3分	徒歩40分	徒歩すぐ	

雨のあとに現れる
幻の滝を
見に行こう

清流・対馬川から直接海へ流れ落ちる、全国的にも珍しい「対馬の滝」。雨などで水量が増加したときにのみ出現する幻の滝は、近くの展望台から見学できる。☎0557-37-6105（伊東観光協会）**MAP**P139F3

伊東・伊豆高原 ● 城ヶ崎海岸をハイキング

① ほうだいあと 砲台跡

幕末の鼓動を感じる遺構

江戸時代末期、欧米列強の黒船がこの地へも来航。それに備えるため、当時地域の領主であった沼津藩水野氏により4門の砲台が川奈から富戸にかけて築かれたという。**¥⊕休**見学自由 **MAP**P139F4

砲台跡に大砲のレプリカを設置

② かどわきつりばし 門脇つり橋

岬を結ぶ断崖の空中ウォーク

その昔、漁師の半四郎が命を落としたといわれる半四郎落しと、門脇灯台が立つ門脇岬に架かる吊り橋。海面からの高さは約23m。紺碧の海を見下ろしながら渡るのはスリル満点。**¥⊕休**見学自由 **MAP**P139F4

足元のはるか下に波が打ち寄せる

1 灯台内は上りと下り階段が二重らせん構造になっている **2** 水平線を見渡せる展望室

③ かどわきとうだい 門脇灯台

海岸を見晴らす水先案内人

城ヶ崎海岸の門脇岬にそびえる白亜の灯台。地上17mほどの高さに展望室があり、晴れた日には海側には伊豆七島、陸側には天城連山が望める。**¥**入場無料 **⊕**9〜17時 **休**無休 **MAP**P139F4 ※2023年1月現在、入場不可

1 ボラ漁が盛んだった頃の姿をとどめる **2** 刺身や煮付の定食が人気

④ にゅーよーくらんぷみゅーじあむあんどふらわーがーでん ニューヨークランプミュージアム & フラワーガーデン

四季折々の花が咲く名所

春はリナリアやマーガレット、初夏はアジサイ、夏はヒマワリ、そして冬は菜の花など、季節の花を楽しめるガーデン。ミュージアムでは、ティファニーランプなどを展示。**☎**0557-51-1128 **住**伊東市富戸841-1 **¥**入園1400円 **⊕**9時30分〜17時（季節により変動あり）**休**無休 **交**伊豆急行伊豆高原駅から東海バス伊豆海洋公園行きで10分、終点下車すぐ **P**300台 **MAP**P139F4

1 四季折々の花々が咲く **2** 約120年前に作られたアンティークティファニー一作品を展示

\ ひと休み /

ぼらなや ぼら納屋　海の幸を味わおう

寛永年間（1624〜44）に紀州からボラ漁の技法が伝わり、漁期にはこの納屋で漁師たちが漁に備え住み込んでいたとか。今は食事処となり、キンメダイの煮付などを提供している。**☎**0557-51-1247 **住**伊東市富戸837 **⊕**11〜15時（変動あり）**休**木曜 **交**バス停城ヶ崎口から徒歩10分 **P**100台（大型バスも駐車可）**MAP**P139F4

📖 遊歩道が整備されているとはいえ、足場の悪いところもあるので、スニーカーなど歩きやすい靴を履いて行きましょう。

大自然と豊かな緑に癒やされる 伊豆高原で天空さんぽ♪

豊かな自然に恵まれた絶景天国・伊豆高原。
ジオサイトの大室山と小室山でウォーキングを楽しもう！

おおむろやま
大室山

伊豆高原のランドマーク

伊豆半島ジオパークのジオサイトの一つで、国の天然記念物にも指定されている大室山は、標高580m、中央に深さ70mの火口跡が残る単成火山だ。山頂へは片道6分の登山リフトで登る。火口跡を囲む1周約20分の遊歩道では360度のパノラマを楽しめる。

☎0557-51-0258（大室山登山リフト）🏠伊東市池672-2（リフト乗り場）💴リフト往復700円🕘9時～17時15分（10月1日～3月15日は～16時15分）※乗車券の販売は営業時間の15分前に終了 🏖荒天時 🚌伊豆急行伊豆高原駅から東海バスで20分、バス停シャボテン公園下車すぐ 🅿500台 MAP折込表・伊豆高原A2

リフトに乗って山頂へ

❶どこから見ても目を引くお椀型の山は伊豆高原のシンボル❷山頂からは相模灘や伊豆七島まで見渡せる ❸火口跡ではアーチェリーが楽しめる。1時間500円（道具レンタルは別途1000円）❹直径約300mの火口跡を散策する「お鉢めぐり」

アーチェリーに挑戦！

"MISORA"では
歴史ある神社へ
お参りを

小室山リッジウォーク"MISORA"の
すぐそばには、300年以上の歴史を
もつ小室神社が鎮座する。地震や海
難、火災、疫病から人々を守る神とし
て信仰されている。かわいいオリジナ
ル絵馬（写真）500円。

ココから眺める景色は
感動モノ！

⑤

⑥

コレが全長10.8ｍ
の展望ブリッジ

⑦   ⑧

⑤全長166.3mのボードウォ
ークからは初島や大室山を見
渡せる⑥「Café・321」上部
に設けられたデッキからの眺
めは最高！⑦カフェ利用者だ
けが利用できる展望デッキと
展望ブリッジ ⑧左から、地層
カフェラテ、"MISORA"ヨー
グルトフラッペ（ブルー、ストロ
ベリー）各600円。ジオパーク
にちなんだネーミングだ

こむろやまりっじうぉーぐ"みそら"
小室山リッジウォーク"MISORA"

山・海・空の大きさを体感！

小室山は約1万6000年前の噴火によってで
きたスコリア丘とよばれる地形の山で、大室
山と同じ「伊豆半島ジオパーク」のジオサイト
だ。専用リフトでアクセスする山頂には、雄大
な景観を楽しめるボードウォークやカフェな
どからなる"MISORA"があり、周囲の山、海、
そして空がつくる絶景を楽しめる。

☎0557-45-1444 住伊東市川奈小室山1428 ¥
リフト往復800円、片道100円 営9時30分〜16時
（リフト運行）休点検・荒天時は運休の場合あり
交JR伊東駅から東海バス小室山リフト行きで23分、
終点下車すぐ P280台 MAP P139F2

📖 大室山登山リフトでは頂上付近で記念撮影サービスがあります。写真はリフト降車後に1200円で購入できます。

伊豆高原はアートな町
こだわりのミュージアムを訪ねて

大きな美術館から小さなギャラリーまで、伊豆高原はアートスポットが豊富。
ほかではあまり見られない個性豊かな作品の鑑賞に訪れてみては。

1 2約40年以上前に現代美術に注目し、美術館設立に傾注した池田英一氏の考えを反映した作品は見ごたえあり **3**フランスナビ派のピエール・ボナールの『洪水の後』 **4**彫刻家・井上武吉氏が設計したステンレススチール張りのユニークな外観にも注目

1聖書のワンシーンを描いたステンドグラス **2**四大天使のアンティークステンドグラスが配されたセント・ミッシェル教会 **3**海を望む高台に立つ貴族の館 **4**マリーズ礼拝堂では毎時間、オルゴールを演奏

現代アート
いけだにじゅっせいきびじゅつかん
池田20世紀美術館
国内初の現代アートの美術館で名作にふれる

昭和50年（1975）、国内初の現代アートの美術館として設立。マティス、ピカソ、ルノワール、ウォーホルなど20世紀を代表する巨匠たちの絵画・彫刻など、約1400点の収蔵作品から約100点を常設展示。3カ月に1回替わる特別企画展も実施している。

☎0557-45-2211 住伊東市十足614 ¥入館1000円 9〜17時 休水曜（祝日の場合は開館） 交バス停池田美術館からすぐ P50台 MAPP139F2

アートグッズ
収蔵作品をあしらったオリジナル一筆箋300円

ステンドグラス
かわなすてんどぐらすびじゅつかん
川奈ステンドグラス美術館
色とりどりのガラスと光が織りなす聖なるアート

中世イギリスの貴族の館・マナーハウスを再現した洋館で、美しいステンドグラス作品を展示している。英国の教会や聖堂、貴賓室から譲り受けた1800年代のアンティークステンドグラスを中心に、館内の至るところに配された約300点を鑑賞できる。

☎0557-44-4333 住伊東市川奈1439-1 ¥入館1200円 10時〜16時30分 休水曜（年末年始、GW、お盆は開館）交伊豆急行川奈駅から車で5分 P60台 MAPP139F2

アートグッズ
美術館オリジナルデザインのミラー1650円

町全体が美術館に！
伊豆高原で
アートを感じる

5月にギャラリーなど各所でアート作品を見られる「伊豆高原 五月祭」が開催される。県内外から多くの人が集まるイベントに参加してみよう。
☎0557-53-8605
（伊豆高原 五月祭実行委員会）

伊東・伊豆高原 ● こだわりのミュージアムを訪ねて

1 館内では動くオートマタを実演（11時、14時30分、16時の3回。土・日曜、祝日は13時30分もあり）**2** レオポール・ランベールの『手紙を書くピエロ』**3** 有名なオートマタ職人の工房を館内に再現 **4** オリエンタルな顔立ちが魅力的な作品『お面売り』

1 小さなテディベアをルーペで見たり、展示にも工夫がある **2** オリジナルのテディベアが作れるワークショップは5500円。完成したら健康診断や出生証明もてもらえる **3** 施設入口にもテディベアが **4** ティールームはメニューが豊富。写真はデンちゃんカフェラテ660円

からくり人形

のさかおーとまたびじゅつかん
野坂オートマタ美術館
西洋生まれ、機械仕掛けの魅惑の人形たち

18〜19世紀にかけて、欧州の時計の製作技術を基に作り出されたオートマタ（西洋からくり人形）。当時の貴族など富裕層が所蔵していたオートマタを、貴重な文化遺産として集めた世界でも珍しい専門美術館。

☎0557-55-1800 **住**伊東市八幡野字株尻1283-75 **¥**入館1000円 **⏰**9時30分〜16時最終入館 **休**火・木曜（祝日、企画展期間、8月は開催）**交**伊豆急行伊豆高原駅から車で3分 **P**20台 **MAP**折込表・伊豆高原B3

アートグッズ

展示するオートマタをモチーフにした手ぬぐい各630円

テディベア

いずてでいべあ・みゅーじあむ
伊豆テディベア・ミュージアム
展示もカフェも体験もテディベアづくし

1910年に制作されたアンティークベアや有名作家が手がけた作品など、国内外から収集したテディベアを展示。手作りスイーツが人気のティールームやグッズが揃うショップのほか、自分でテディベアを作れるワークショップも開催。

☎0557-54-5001 **住**伊東市八幡野1064-2 **¥**入館1500円 **⏰**9時30分〜17時（最終入館は16時30分）**休**2・3・6・12月の第2火曜、6月第2水曜 **交**伊豆急行伊豆高原駅から徒歩9分 **P**150台 **MAP**折込表・伊豆高原B4

アートグッズ

さくらベアM3960円はミュージアム限定

📖 川奈ステンドグラス美術館に併設する「レストラン・ラ・ヴィータ」（☞P59）は、入館料不要で利用できます。

地場の恵みを生かした 伊豆高原ごほうびランチ＆カフェ

伊豆高原には、地元の食材でもてなすレストランやカフェが点在。
豊かな自然と景色を眺めながら、優雅にランチやティータイムを。

▼建物外周は大きなガラス
張りで、眺望を楽しめる

メニューは1カ月
ごとに変わる

みくにいずこうげん

ミクニ伊豆高原

伊豆の旬を五感で味わう

フレンチの巨匠・三國清三がプロデュースし、建築家・隈研吾が建物の設計を手がけた地中海料理レストラン。地産地消にこだわり、伊豆近郊の野菜や新鮮な魚介類を使って美しく仕上げられた料理をコースで味わえる。コース7260円〜（税・サービス料込み）は昼・夜とも2種類用意。

☎0557-54-3920 🏠伊東市八幡野1172-2
🕐11時30分〜18時LO 休不定休 🚃伊豆急行伊豆高原駅から徒歩1分 🅿提携駐車場利用、要問合せ MAP折込表・伊豆高原B4

❶伊東産の鮮魚と三島産の野菜を使った魚料理の一例 ❷デザートにも静岡県産の抹茶など、地元の恵みがたっぷり ❸元々あった松の木がテラス席の中心を突き抜けている

繊細なデザートに
うっとり♡

地元食材を使った
手作りランチで
ホッとひと息

「Cafe East Hills」では、ブランド牛である伊豆牛を中心にした料理を提供。生クリームがたっぷりのったオリジナルパンケーキセット（ドリンク付き）1100円も人気。☎0557-54-2866
MAP折込表・伊豆高原B4

伊東・伊豆高原 ● 伊豆高原ごほうびランチ&カフェ

る・ふぃやーじゅ
ル・フィヤージュ

焼きたてパンの香りと森の空気に満ちたベーカリーカフェ

伊豆高原の緑に囲まれたベーカリー＆カフェ。小麦粉やバターなど最適な物を使用したパンが毎朝80種類も並ぶ。季節の草木や小さな動物たちの気配が漂う庭で、焼きたてのパンを味わえる。

☎0557-53-3953 伊東市八幡野1305-75
9〜17時 休火曜 交伊豆急行伊豆高原駅から車で6分 P20台 MAP折込表・伊豆高原B4

▶伊豆高原で人気のベーカリーなので早めに出かけよう

▶ブルーチーズの香りが効いているトリュオンフ440円

▶甘さとサクサクの食感を。クロワッサンパルミエ308円

桜やヤマブキなど季節の花が咲くガーデン

前菜とドリンクが付くワンプレートランチ1350円〜。サラダ・スープ付き

▶爽やかな本わさびのパスタ1380円。サラダ、スープ付き

▲木のぬくもりがあふれる空間

むーみんのもり
むーみんの森

自家畑の無農薬野菜を使ったオリジナル料理を提供

無農薬野菜を主役に、香辛料でアレンジした多国籍料理を提供している。定番のグリーンカレーはライス付き1350円、ナンの場合は1550円だ。夜は居酒屋メニューも用意。

☎0557-51-4765 伊東市富戸1095-184
11時〜14時30分 休月・木・金曜 交バス停理想郷から徒歩4分 P3台 MAP折込表・伊豆高原C2

けにーず はうす かふぇ いずこうげんほんてん
Kenny's House Café 伊豆高原本店

緑あふれる南国風テラスが人気

リゾート感あふれるログハウス風の店内と、愛犬同伴OKの中庭のテラス席がある。人気のビーフシチュー、ロコモコなどの食事メニューが充実しているほか、ワッフルやソフトクリームも絶品。

☎0557-55-1188 伊東市八幡野1064-6
10時〜16時30分LO（季節により変動あり）
休木曜 交伊豆急行伊豆高原駅から徒歩10分
P16台 MAP折込表・伊豆高原B4

▶プレミアムミルクソフト各520円（テイクアウト400円）

▲ビーフシチューランチ1480円。パンまたはライス付き

雨天対応のテラス席で高原の風を感じて

野坂オートマタ美術館（☞P51）や伊豆テディベア・ミュージアム（☞P51）など、ミュージアム併設のカフェもおすすめです。

ココロとカラダを癒やす旅
赤沢温泉郷で1日を過ごす

開放感抜群の露天風呂をはじめ、エステ、スパ、ホテルが揃う一大リゾート。
1泊2日のゆったりステイで身体の奥からキレイになれる温泉旅へ。

1日目

気持ちいい〜♪

「赤沢日帰り温泉館」で絶景の露天風呂を満喫

「タイ古式マッサージ」で最高級の癒やしを体験

2日目

「赤沢日帰り温泉館」でもう1つの絶景露天へ

「赤沢スパ」の深層水のタラソテラピーでキレイに

赤沢温泉郷ってどんなところ？

エステとスパを堪能

約24万㎡の広大な敷地に、絶景の日帰り温泉や美食のホテル、海洋深層水スパなどの癒やし処、フィットネスクラブ、プールなどが揃っている。各施設間の移動には、無料の送迎バスが便利。

広域MAP P139E3

赤沢温泉郷の施設はコチラ

1 2 3 9
あかざわひがえりおんせんかん
赤沢日帰り温泉館

大海原を望む絶景露天

施設3階には長さ25mの眺望露天、4階には展望露天があり、日替わりで男女が入れ替わる（0〜3歳児は大浴場の利用不可。子ども料金は要問合せ）。

☎0557-53-2617 伊東市赤沢字浮山170-2 入館1600円（宿泊者は無料。繁忙期は2000円）10〜21時最終入館 無休（1・6月に不定休あり）伊豆急行伊豆高原駅から車で15分 送迎あり（無料）P160台

4 5
たいこしきまっさーじ
タイ古式マッサージ

心身に最高級の癒やし体験

赤沢日帰り温泉内にあるリラクゼーション施設。アジアンリゾートの雰囲気とアロマの香りの中で、タイ古式の伝統を受け継ぐ極上のマッサージを受けられる。オイルや乳液を使ったフットマッサージのリフレクソロジー30分3850円や、全身マッサージ60分7260円などがある。

☎0557-53-2617（赤沢日帰り温泉館）12〜20時最終受付 無休（1・6月に不定休あり）

「赤沢スパ」内のショップで伊豆みやげを

海洋深層水「赤沢スパ」内にあるショップには、伊豆のみやげが揃っている。ほかに、ミニカフェとオリジナルキャンドル作り体験ができるワークショップも併設。
☎0557-54-2125 **MAP**P55

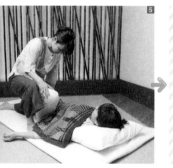

「赤沢温泉ホテル」で新鮮な魚介料理を楽しむ

1 施設3階にある大パノラマの眺望露天風呂 **2** 露天風呂付き個室も4つある（1室60分平日2800円〜、入浴料別） **3** もう1つの展望露天風呂は明日のお楽しみに **4** 完全プライベートの空間でリラックスして施術を受けられる **5** 頭からつま先まで念入りに全身をほぐしていく **6** 客室は洋室、和室、和洋室、露天風呂付など **7** 檜風呂や眺望が素晴らしい天宮（てんきゅう）の湯などがある **8** 夕食では近海でとれた新鮮な海の幸が味わえる

あったかい♪

9 2日目は日帰り温泉の展望天風呂の朝風呂からスタート！ **10** 海洋深層水を贅沢に使った温水ジェットプール **11** 海水の浮力とジェットの水流で全身マッサージ **12** 竹林を眺めながら寝湯でリラックス **13** ヒーリングドームで心も身体もリフレッシュ **14** プライベートな空間でエステが受けられるヘブンリースパのほか、より手頃なエステ・スパのメニューも

1泊2日で満喫するなら…

1泊2食付きプラン
1万9000円
スタンダードルーム利用。1室2名以上

＋

海洋深層水「赤沢スパ」
2万3500円
入館3500円（海洋深層水プール・ヒーリングドーム利用を含む）＋ディプシースパコース110分2万円

＝

合計 **4万2500円**

※料金は目安。時期によって異なるので要確認。

678
あかざわおんせんほてる
赤沢温泉ホテル
敷地内のオーシャンビューホテル

目の前に広がる海を眺めながら、新鮮な魚介を楽しめるレストランも魅力。宿泊客はチェックイン・チェックアウトの前後で、日帰り温泉館やフィットネスなどを無料で利用できる。

☎0557-53-4890（予約）伊東市赤沢字浮山163-1 伊豆急行伊豆高原駅から車で15分 送迎あり（無料）P70台 平日1万7000円〜 休 前日2万2000円〜 IN15時 OUT11時

1011121314
かいようしんそうすい「あかざわすぱ」
海洋深層水「赤沢スパ」
海洋深層水のタラソテラピー

フランス発祥の海洋療法タラソテラピーをもとにしたスパ施設。深海800mからくみ上げた海水を使用した海洋深層水プールや、海の恵みを満喫できるディープシースパドームなどを体験できる。

☎0557-54-5538 伊東市八幡野1754-114-4 入館3500円 10時30分〜18時最終入館 休 水〜木曜 伊豆急行伊豆高原駅から車で15分 送迎あり（無料）P35台

伊東へ↑
N
100m
赤沢スパ迎賓館
赤沢スパショップ
海洋深層水「赤沢スパ」
赤沢フィットネスクラブ
赤沢ボウル
東伊豆道路
熱川へ↓
タイ古式マッサージ
赤沢温泉郷
135
ビストロ赤沢
伊豆高原
赤沢日帰り温泉館
赤沢温泉ホテル

記念日に泊まってみたい
客室15室以下のおこもり宿

海と緑に囲まれたプライベートな空間で、温泉と美食を満喫。
伊豆高原に来たら、贅沢な湯処で至福のステイを体験してみて。

伊豆高原の温泉 🏠(朝食) 🚶
おやど うちやま
お宿 うち山

すべての客室が離れのプライベート空間。メゾネットタイプの「月」と「花」には、1階に内風呂、2階のテラスには伊豆高原の向こうに海が見渡せる露天風呂が付いている。洗練された空間のなかに安らぎと温かみを感じさせてくれる、そんな特別なステイが待っている。

☎0557-52-0010 🏠伊東市大室高原2-716 🚇伊豆急行伊豆高原駅から車で10分 🅿送迎なし 🅿8台 ●2005年8月創業 **MAP** 折込表・伊豆高原B2 ●風呂：部屋のみ

夕食は掘りごたつ式の個室食事処で

木の温もりを感じる離れで贅沢ステイ

✧室数✧
全6室(離れ6)
✧1泊2食付き料金✧
平日4万7000円〜
休前日5万2000円〜
✧時間✧
IN15時 OUT11時

1 るりそう・ときそう2階の露天風呂 **2** 開放感ある角部屋の、なでしこ・ささゆりの2階 **3** 1階にも石造りの内風呂が用意されている **4** 大正時代の木造建築をモチーフにしている

✧室数✧
全13室
(和6、洋7)
✧1泊2食付き料金✧
平日2万350円〜
休前日2万2550円〜
✧時間✧
IN15時 OUT11時

全室海と伊豆七島を望む温泉露天風呂付きの人気宿

伊豆高原の温泉 🏞🏠🍴🚶
ぜっけいのいやしのゆやど なすびのはな
絶景の癒しの湯宿
茄子のはな

本館にある6つの和室と、別邸の7つの洋室のすべてに温泉が注ぐ露天風呂が付いているのが魅力。雄大な海と伊豆七島を湯船から一望できる。夕食は、伊豆三大味覚の伊勢エビ、キンメダイ、静岡産あしたか牛を使った創作和会席を部屋で。

☎0557-53-5100 🏠伊東市池635-135 🚇伊豆急行伊豆高原駅から車で10分 🅿送迎あり(要予約) 🅿13台 ●2013年12月改装 **MAP** 折込表・伊豆高原A2 ●風呂：部屋のみ

1 信楽焼の湯船に注ぐ温泉と目前の緑、海景色に大満足 **2** テラスと露天風呂付きの和室 **3** 食事は旬の食材を使った創作和会席

伊東川奈の温泉

ぜっけいのはなれのやど つきのうさぎ

絶景の離れの宿
月のうさぎ

すべての客室に、海と伊豆大島の大パノラマが広がる絶景露天風呂をしつらえた離れの宿。湯船は5～6人がゆったり入れるほどの贅沢な広さで、美しい景色と温泉を占有できる。伊豆の豪華4大食材である、伊勢エビやアワビ、キンメダイ、ふじやま和牛を使った創作料理も楽しみ。

☎0557-52-0033 🏠伊東市富戸沢向1299-3 🚃伊豆急行川奈駅から車で10分 🅿要相談 🅿8台 ●2000年4月創業 MAP P139F2 🛁風呂：部屋のみ

海と伊豆大島を望む温泉を贅沢にひとり占め

+室数+
全8室（離れ8）
+1泊2食付き料金+
平日4万7300円～
休前日5万600円～
+時間+
IN15時 OUT11時

1 大島を眼の前に望む絶景露天風呂 2 プライベート感を重視した古民家風の離れ 3 伊豆の豪華4大食材を使った極上の夕食

空と海に浮かんでいるような広々としたリビングに注目

1 遠くに伊豆大島を望む絶景が広がる 2 オーシャンビューの露天風呂付き客室 3 部屋で楽しめる和洋折衷のコース料理

伊豆高原の温泉

きねんびをいわうやど しぜんや はこ

記念日を祝う宿
自然家.Haco

デッキの向こうに広がる空に浮かんでいるようなリビングが印象的。天気のいい日はここで絶景とともに朝食を楽しもう。全室、露天風呂付きの客室で部屋食。大切な記念日をのんびり過ごせるスタイルはカップルに人気だ。

☎0557-51-5808 🏠伊東市富戸1160-11 🚃伊豆急行富戸駅から徒歩12分 🅿送迎あり（要問合せ）🅿5台 ●2011年1月創業 MAP P139F2 🛁風呂：部屋のみ

+室数+
全5室（洋5）
+1泊2食付き料金+
平日1万9800円～
休前日2万8000円～
+時間+
IN15時 OUT10時

宇佐美温泉

きんめだいのやど こころね

金目鯛の宿 こころね

ふわふわホクホクのキンメダイをはじめ、夕食がおいしいと評判の宿。夜は伊東市街の夜景と満天の星を望む源泉かけ流しの露天風呂も人気の秘密。女性客にはオリジナルアロマをプレゼントするサービスも好評だ。インターネット予約限定のサービスもお見逃しなく。

☎0557-47-4547 🏠伊東市宇佐美3713-16 🚃JR宇佐美駅から車で5分 🅿送迎あり（要予約）🅿10台 ●2010年7月改装 MAP P137E4 🛁風呂：貸切

おいしいキンメダイの夕食とサービス精神旺盛の宿

+室数+
全6室（洋6）
+1泊2食付き料金+
平日1万4000円～
休前日1万7000円～
+時間+
IN15時 OUT11時

1 対岸にきらめく伊東の夜景を望む露天風呂 2 夕食は秘伝のタレで炊いたキンメダイも登場 3 客室はツインルームとメゾネットタイプを用意

ココにも行きたい

伊東・伊豆高原のおすすめスポット

📷 なぎさ公園
なぎさこうえん

伊東の海沿いでアートなひとときを

伊東市街を流れる松川の河口近くにある公園。伊東湾を望む緑地には、地元出身の彫刻家・重岡建治の作品が配され、港の青さと合わせて、まさに屋外の美術館のよう。晴れた日には、真鶴半島や三浦半島まで望める。**DATA**☎0557-37-6105（伊東観光協会）🏠伊東市松原178-36 ⏰🅿散策自由 🚉JR伊東駅から徒歩15分 🅿103台（1時間200円）**MAP**折込表・伊東C2

📷 伊東市立木下杢太郎記念館
いとうしりつきのしたもくたろうきねんかん

伊東出身の偉人を紹介する記念館

地元出身の文学者であり、医学者としても知られる木下杢太郎の記念館。学生時代のノートや研究道具、スケッチ画などを展示。記念館の奥には天保6年（1835）に建てられた杢太郎の生家が保存されている。**DATA**☎0557-36-7454 🏠伊東市湯川2-11-5 💴入館100円 ⏰9時～16時30分（10～3月は～16時）🈲月曜（祝日の場合は翌日）🚉JR伊東駅から徒歩5分 🅿2台 **MAP**折込表・伊東B1

📷 一碧湖
いっぺきこ

深い紺碧の水をたたえた森の中の湖

「伊豆の瞳」とよばれる、周囲約4kmのひょうたん型の湖。春には桜、秋には紅葉と四季折々の情景を楽しむことができ、湖畔の遊歩道は自然さんぽをするのに最適。俳人・与謝野夫妻も愛したという湖だ。**DATA**☎0557-37-6105（伊東観光協会）🏠伊東市吉田815-360 ⏰🅿散策自由 🚉JR伊東駅から東海バスで27分、バス停一碧湖下車すぐ 🅿45台（一碧湖駐車場利用）**MAP**P139F2

📷 伊豆シャボテン動物公園
いずしゃぼてんどうぶつこうえん

愉快な動物たちに大接近できる

世界各地のサボテンと約140種の動物がいる植物園。園内の大池をボートで巡るアニマルボートツアーズや、冬季限定のカピバラの露天風呂などが人気だ。**DATA**☎0557-51-1111 🏠伊東市富戸1317-13 💴入園2600円 ⏰9時30分～17時（季節により変動あり）🈲無休 🚉伊豆急行伊豆高原駅から東海バスで20分、バス停シャボテン公園下車すぐ 🅿400台（有料）**MAP**折込表・伊豆高原A2

アニマルボートツアーズの「くるっと1周コース」は1200円

カピバラの露天風呂を日本で初めて行ったのがココ

📷 トンボ玉工芸館
とんぼだまこうげいかん

古代から続くガラス製品の歴史を学ぶ

トンボ玉とはガラスビーズのこと。彩り豊かなビーズ織り（写真）や涙つぼなど、古代ガラス製品を展示している個人美術館。トンボ玉の販売や制作体験（2個3000円）もできる。**DATA**☎0557-51-5836 🏠伊東市大室高原3-653 💴入館300円 ⏰10～17時 🈲水曜 🚉伊豆急行伊豆高原駅から東海バスで16分、バス停理想郷東口下車、徒歩3分 🅿提携駐車場利用 **MAP**折込表・伊豆高原B2

🎵 伊豆ぐらんぱる公園
いずぐらんぱるこうえん

多彩な遊具で思いっきり遊ぼう

往復400mある大迫力のジップラインや巨大な船型立体迷路、実物大の恐竜の間を走るゴーカートなど、大人も子どもも体を動かして遊べる設備が充実。**DATA**☎0557-51-1122 🏠伊東市富戸1090 💴入園1500円（当日HPで確認）🈲無休 🚉伊豆急行伊豆高原駅から東海バスで15分、バス停ぐらんぱる公園下車すぐ 🅿1000台（有料）**MAP**折込表・伊豆高原C2

🍴 伊豆高原地元食材イタリアン ミラコロ
いずこうげんじもとしょくざいいたりあん みらころ

伊豆の恵みたっぷりの絶品イタリアン

増島農園の白あわび茸や天城黒豚、あした牛など地元食材にこだわり、食材の持ち味を生かしたイタリア料理を提供。パスタランチコース1980円、ミラコロランチコース2800円～。**DATA**☎0557-51-7508 🏠伊東市富戸1317-1121 ⏰11時30分～14時LO、17時30分～19時LO 🈲月・火曜（祝日の場合は営業し、振替あり。要問合せ）🅿25台 **MAP**折込表・伊豆高原B1

🍴 Jupiter
じゅぴたー

伊豆のブランド牛を味わえる

大仁のひらい牧場で育てられた貴重な伊豆牛や、キンメダイなど、地の食材にこだわるシェフの店。旬の味覚を楽しめるパスタランチ1680円～や、伊豆牛の赤ワイン煮をメインにした伊豆牛のランチセット2950円がおすすめ。**DATA**☎0557-54-3736 🏠伊東市八幡野1039-101 ⏰11～14時LO 🈲水曜 🚉伊豆急行伊豆高原駅から車で5分 🅿7台 **MAP**折込表・伊豆高原C4

🍴 レストラン・ラ・ヴィータ
れすとらん・ら・ゔぃーた

ステンドグラスに囲まれたレストラン

中世ヨーロッパの館のような一軒家で味わう本格イタリアンが評judge。パスタコース2000円（写真）のランチや、前菜からメイン、デザートまで付くコース3800円を用意している。**DATA** ☎0557-44-4555 🏠伊東市川奈1439-1 川奈ステンドグラス美術館🕐11時30分～14時（ランチ）、17～19時LO（ディナー、予約制）🈂水曜 🚌伊豆急行川奈駅から車で5分 🅿60台 **MAP**P139F2

🍵 スイートハウス わかば
すいーとはうす わかば

こだわりのソフトクリームが美味

昭和23年（1948）創業の昔ながらの喫茶店。季節によって甘さを変えるソフトクリーム430円（写真・テイクアウトは350円）は、創業当時から販売を続けるこだわりの一品だ。果物たっぷりのクリームあんみつ750円も美味。手間暇かけた甘味をぜひ。**DATA** ☎0557-37-2563 🏠伊東市中央町6-4 🕐9時～21時30分LO（祝日の場合は翌日）🚌JR伊東駅から徒歩6分 🅿なし **MAP**折込表・伊東B2

🛍 伊豆高原プリン本店
いずこうげんぷりんほんてん

伊豆の食材で作るプリン

牛乳やハチミツなどに、地元の食材を使ったプリンを季節に応じて8～13種販売。定番のベイシック390円や香りの麦こがし440円、伊豆のはちみつジュレ&マンゴー470円などが人気。道の駅伊東マリンタウンにも支店がある。**DATA** ☎0557-48-7791 🏠伊東市富戸1103-21 🕐10～18時 🈂無休 🚌バス停高原ビール前から徒歩2分 🅿100台 **MAP**折込表・伊豆高原C1

🛍 山茶花 本店
さざんか ほんてん

地元に根付いたベーカリー

JR伊東駅の前、湯の花通り商店街入口にある地元で人気のベーカリー。店内の工房で焼き上げるパンは80種類以上あり、惣菜も充実している。ドリンクとともに、店内のカフェスペースで優雅にランチをするのもいい。**DATA** ☎0557-37-4647 🏠伊東市猪戸1-5-32 🕐8～19時（イートインは17時30分LO）🈂無休 🚌JR伊東駅から徒歩1分 🅿なし **MAP**折込表・伊東A2

🛍 山六ひもの総本店
やまろくひものそうほんてん

こだわりの干物をおみやげに

伊東オレンジビーチの前にある老舗の干物店。店主の厳しい目で選ぶ魚は、新鮮でなければ定番品でも店頭には並ばないというこだわりが。脂がのった、とろさば塩・とろさば味醂各2枚入り850円、ご飯のお供にピッタリの、いかの汐辛1300円（写真）など。**DATA** ☎0120-22-3039 🏠伊東市東松原5-6 🕐8～17時 🈂無休 🚌JR伊東駅から徒歩10分 🅿10台 **MAP**折込表・伊東C2

🛍 ぐり茶の杉山 伊豆高原店
ぐりちゃのすぎやま いずこうげんてん

お茶の名店が作るソフトクリーム

伊東や伊豆高原のご当地名物といえば、ぐり茶。じっくりと茶葉の芯まで蒸す深蒸し製法のお茶は風味豊かで、しっかりとした味。ぐり茶パウダーをかけたソフトクリーム400円で午後のひとときを。**DATA** ☎0557-37-1202 🏠伊東市八幡野1105-120 🕐9～17時 🈂火・水曜 🚌伊豆急行伊豆高原駅から車で10分 🅿18台 **MAP**折込表・伊豆高原C3

🍵 立ち寄りたい 伊豆高原のカフェ

見どころいっぱいの伊豆高原。観光の途中にカフェでひと休みしよう。

TERRACE CAFE IPPEKIKO
てらす かふぇ いっぺきこ

湖畔にたたずむブックカフェ

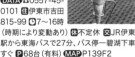

テラス席で読書をしながら、一碧湖ソフトミックス480円（写真）などを。**DATA** ☎0557-45-0101 🏠伊東市吉田815-99 🕐7～16時（時期により変動あり）🈂不定休 🚌JR伊東駅から東海バスで27分、バス停一碧湖下車すぐ 🅿68台（有料）**MAP**P139F2

Cafe Bridge
かふぇ ぶりっじ

小さな橋が架かるテラスカフェ

外さっくり、中ふんわりのスコーンと紅茶で、英国風のクリームティーを。スコーン2個と紅茶のセットで1200円。**DATA** ☎0557-51-6903 🏠伊東市富戸842-134 🕐11～16時 🈂水～金曜 🚌伊豆急城ヶ崎海岸駅から徒歩20分 🅿3台 **MAP**P139F4

花と紅茶Pixy
はなとこうちゃぴくしー

花咲く庭を眺めながらティータイム

フルーツティー付きアフタヌーンティーセットは2000円。**DATA** ☎0557-45-6134 🏠伊東市十足614-254 🕐10時30分～17時LO（17時以降は要予約）🈂火曜（祝日の場合は営業。5・8月は無休）🚌伊豆急行富戸駅から車で16分 🅿10台 **MAP**折込表・伊豆高原B1

📖 公共交通機関で伊豆高原を巡る場合は、伊東駅と伊豆高原駅を起点に路線バスをうまく利用しましょう。

これしよう！

全国でもいち早く桜一色に染まる河津へ

2月上旬〜下旬の桜まつりの頃に約850本の桜が咲き誇る。☞P62

これしよう！

稲取で新鮮なキンメダイを味わおう

稲取漁港はキンメダイのブランド地。絶品の魚料理を楽しんで。☞P66

これしよう！

海に手が届きそうな絶景の露天風呂

相模灘との距離が近い波打ち際の露天風呂を満喫しよう。☞P68

伊豆半島の東側に人気の温泉地が続く

東伊豆

ひがしいず

稲取の春はつるし雛とともに

こんなところ

海が目の前に広がる露天風呂が人気の海辺の町、大川と北川。山と海に囲まれた温泉街の情緒が楽しめる熱川。キンメダイが有名な漁港の町、稲取。そして春にはのべ90万人以上もの観光客が訪れる桜の名所、河津。伊豆半島の東側には、個性豊かな温泉街や漁村が続いている。

a c c e s s

●電車・バス	●車
伊豆高原駅	伊豆高原
↓伊豆急行線7分	
伊豆大川駅	
↓伊豆急行線3分	↓国道135号 約10km
伊豆北川駅	
↓伊豆急行線2分	
伊豆熱川駅	熱川
↓伊豆急行線3分	
片瀬白田駅	↓国道135号 約8km
↓伊豆急行線6分	
伊豆稲取駅	稲取
↓伊豆急行線5分	
今井浜海岸駅	↓国道135号 約6km
↓伊豆急行線2分	
河津駅	河津

※東伊豆までの交通はP128〜の交通ガイドを参照

問合せ☎0557-95-0700
東伊豆町観光協会
問合せ☎0558-32-0290
河津町観光協会

広域MAP P139E4・P141E・F1〜2

～東伊豆 はやわかりMAP～

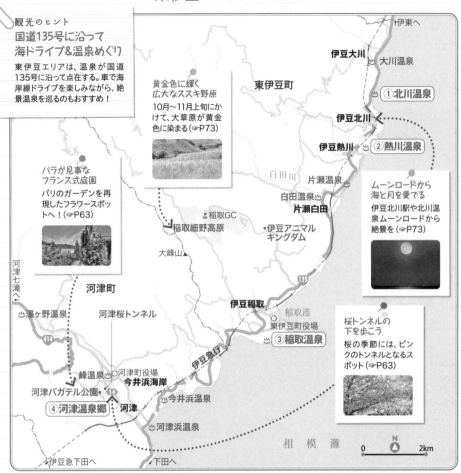

観光のヒント

国道135号に沿って
海ドライブ&温泉めぐり

東伊豆エリアは、温泉が国道135号に沿って点在する。車で海岸線ドライブを楽しみながら、絶景温泉を巡るのもおすすめ!

黄金色に輝く
広大なススキ野原
10月～11月上旬にかけて、大草原が黄金色に染まる（☞P73）

バラが見事な
フランス式庭園
パリのガーデンを再現したフラワースポットへ！（☞P63）

伊東へ

伊豆大川　大川温泉

①北川温泉

伊豆北川

伊豆熱川　②熱川温泉

東伊豆町

白田川　片瀬温泉
白田温泉
片瀬白田

ムーンロードから
海と月を愛でる
伊豆北川駅や北川温泉ムーンロードから絶景を（☞P73）

稲取GC

・伊豆アニマル
キングダム

稲取細野高原

大峰山

135

河津七滝へ

河津町

河津桜トンネル

湯ヶ野温泉

414

伊豆稲取　稲取港
東伊豆町役場
③稲取温泉

桜トンネルの
下を歩こう
桜の季節には、ピンクのトンネルとなるスポット（☞P63）

峰温泉
河津町役場
今井浜海岸

河津バガテル公園・
④河津温泉郷　河津

今井浜温泉

河津浜温泉

伊豆急行

相 模 灘

0　　　　2km

N

伊豆急下田へ　　下田へ

東伊豆エリアの温泉

ほっかわおんせん
1 北川温泉
伊豆北川駅近くの沿岸には、公共の露天風呂「黒根岩風呂」や、「吉祥CAREN」、「望水」など名旅館が並ぶ。

あたがわおんせん
2 熱川温泉
駅から海へ向かう、なだらかな坂にある温泉地。街の各所で白い煙をあげる温泉櫓が見られる。

いなとりおんせん
3 稲取温泉
キンメダイで有名な港町には、温泉と海の美食が堪能できる、こだわりの宿が多い。日帰り利用が可能な施設も。

かわづおんせんきょう
4 河津温泉郷
河口の町から山間の河津七滝に至るエリアには、河津浜、今井浜、七滝などの温泉地が点在。

東伊豆

2月の桜、5月のバラ
花で彩られる河津の町へ

期間中、のべ100万人以上もの人が早咲きの桜を見に訪れる河津。
フランス式のバラ園など、伊豆きっての花スポットへ出かけよう。

かわづさくらまつり
河津桜まつり

2月上旬から下旬にかけて、河津桜の開花時期に開催される。沿道には露店が並び、町内外から訪れるたくさんの花見客で賑わう。桜と菜の花のコラボも美しい。
☎0558-32-0290(河津町観光協会) 住河津町全域 Y⊝体散策自由 交伊豆急行河津駅からすぐ P周辺駐車場利用 **MAP**折込表・河津A1〜C2

1豊泉橋から上流に向かって両岸に河津桜の並木が続いている **2**桜の花のトンネルを歩いてみよう **3**ソメイヨシノとは趣の異なる濃い色の河津桜

➕かわづ
河津ってこんなところ

季節に彩られた花暦の町

相模灘へと流れ込む河津川下流域の市街地から、河津七滝(☞P96)がある天城山の山稜まで広がる町。春には早咲きの河津桜、初夏と秋には河津バガテル公園のバラが見頃となり、花の町として知られている。

問合せ ☎0558-32-0290(河津町観光協会)
アクセス JR伊東駅から伊豆急行線で1時間、河津駅下車
広域MAP P141E1〜2

かわづかはん (かわづさくらまつり)
河津河畔 (河津桜まつり)

山に向かってどこまでも続く
早咲きの桜がつくる桃色回廊

2月中旬にいち早く満開となる河津桜。駅近くから上流へと向かう約4kmの河畔に850本余りの桜の木が植えられ、2月に入ると河津桜独特の濃い桃色で町全体が染まる。河川一帯は桜の開花に合わせるように菜の花も咲き揃い、ピンクと黄色の美しい景観を見せてくれる。

② **③** **①**

かわづばがてるこうえん
河津バガテル公園

エレガントな庭園でバラの香りと景色を

パリのバガテル公園を忠実に再現したフランス式庭園には、1100種6000株のバラが咲き誇る。バラの見頃は5月上旬～6月中旬と10月中旬～11月下旬。中世フランスの町並みを再現した広場には、ショップやカフェもある。

①シンメトリーで整然としたフランス式庭園 ②春は36基あるツルバラの鉄塔が圧巻 ③貴重な品種や新品種のバラも見られる

☎0558-34-2200 🏠河津町峰1073 💰季節により変動 🕘9時30分～16時30分（12月1日～4月27日は～16時）※変動あり 🈺木曜（1月1～3日、4月28日～6月30日、10月1日～11月30日は無休）🚌伊豆急行河津駅からバスで10分（期間運行）🅿200台 🗺折込表・河津A1 ※詳細は公式HPで要確認

《河津桜が見えるカフェ》

❷

❹

ななまるかふぇ
70nanamaru cafe

コーヒースタンドでひと休み

伊豆ばら園に併設。フラワーアーティストの後藤清也氏がアトリエ兼コーヒースタンドとして営んでいる。自家栽培の食用バラをふんだんに使った自家製バラジュースのほか「河津桜まつり」期間限定のドリンクもある。園芸ハウス奥では「プライベート河津桜」も見られる。

①

❷

③

☎0558-32-2756 🏠河津町沢田70 🕘9～16時 🈺火曜、ほか不定休あり 🚃伊豆急行河津駅から車で5分 🅿5台（ほかに駐車スペースあり）🗺P141E1

①自家製バラジュース500円 ②花と緑に囲まれた店 ③桜サクラテ450円（左）と桜フラッペ600円（右）は「河津桜まつり」期間限定のフレーバー

《河津川沿いには花を愛でるスポットが点在》

❺

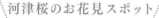

河津桜のお花見スポット

❶ さくらの足湯処
（さくらのあしゆどころ）
笹原公園内にある足湯。床面に敷き詰めた玉石が血行を促すとか。
💰無料 🕘9～16時 🈺無休 🗺折込表・河津B1

❷ 河津桜原木（かわづさくらげんぼく）
昭和30年ごろに、河津川沿いに自然交配した苗木を、民家の庭先に植樹したもの。河津桜発祥の木といわれている。💰🈺見学自由 🗺P141E1

❸ 河津三郎の足湯処
（かわづさぶろうのあしゆどころ）
谷津温泉共同湯の2階にあり、対岸の桜並木を一望できるスポット。
💰無料 🕘9～16時 🈺無休 🗺折込表・河津C2

❹ 河津桜トンネル（かわづさくらとんねる）
踊り子温泉会館から上流約400mの桜並木。幻想的なピンクのアーチの下を歩こう。💰🕘🈺散策自由 🗺P141E1

❺ 豊泉橋（ほうせんばし）
伊豆急行の鉄橋から約1.4km上流にある、河津桜最大の見どころ。💰🕘🈺散策自由 🗺P141E1

河津七滝ループ橋・
70nanamaru cafeへ

200m

河津桜トンネル❹
踊り子温泉会館・
峰温泉大噴湯公園・
河津バガテル公園
峰温泉
豊泉橋❺
河津町役場
14
河津桜原木❷
来宮神社
河津中
河津観光交流館
（河津町観光協会）
・かじやの桜
谷津温泉
荒倉橋
南小
❶さくらの足湯処
今井浜海岸方面
河津駅 伊豆急行
下田へ→
❸河津三郎の足湯処
伊豆急下田方面
河津MAP

東伊豆 ● 花で彩られる河津の町へ

📖 2023年の河津桜まつり期間中、お花見スポット①③は休止です。最新の開花状況は河津町観光協会のHPで確認を。

山と海に囲まれた
湯けむり温泉郷・熱川へ

駅から海へと下る坂に広がる小さな温泉街、熱川温泉。町のあちらこちらから
湯煙が立ち、少し懐かしい気分にさせてくれる不思議な魅力の温泉郷だ。

＋あたがわ
熱川ってこんなところ

どこか郷愁を誘う温泉郷

海岸近くまで迫る山と海にはさまれた熱川温泉。源泉の温度は100℃と高く、町に点在する温泉櫓から立ち上る白い煙は、町の景観に欠かせない存在だ。温泉熱を利用した熱帯植物園がある熱川バナナワニ園も有名。

問合せ ☎0557-23-0174(熱川温泉旅館組合) アクセス JR伊東駅から伊豆急行線で40分、伊豆熱川駅下車 広域MAP P139E4

おすすめコース

スタート 伊豆熱川駅
ぐるっと回って約3時間
徒歩1分
❶ 熱川温泉街
徒歩5分
❷ 熱川バナナワニ園
徒歩6分
❸ 伊豆の味処 錦
徒歩3分
❹ 熱川ほっとぱぁ～く
徒歩7分
ゴール 伊豆熱川駅

あたがわおんせんがい
❶ 熱川温泉街

山と海にはさまれたノスタルジック温泉

湯煙がもうもうと噴出する温泉櫓が立つ温泉郷。海岸へと向かう坂の途中には、豊富な湯量の老舗宿や食事処が充実。いたるところに湯を楽しむスポットがある。☎0557-23-0174(熱川温泉旅館組合) P2台

おゆかけべんざいてん
お湯かけ弁財天

駅から海岸へ向かう坂の途中にある。縁結びの願かけや、源泉でゆで玉子作り体験も。生卵の購入は熱川温泉旅館組合へ。
Y・⊕・休 拝観自由
MAP 折込表・熱川B1

あたがわゆのはなばぁーく
熱川湯の華ばぁ～く

温泉をテーマにした観光施設。温泉櫓の脇に足湯処があり、熱川の歴史を紹介する資料館には喫茶スペースもある。
Y・⊕・休 入園自由
MAP 折込表・熱川A1

1海へと向かう坂の途中。川沿いの道は温泉街の雰囲気が楽しめる 2点在する温泉櫓はこの町のシンボル

■キンメダイの煮付けは単品1320円、定食は1870円 ■カウンター席とテーブル席を用意。伊豆熱川駅から少し坂を下った場所にある ■身のやわらかい尾赤アジを贅沢に2尾分使用した鯵のたたき丼1650円

③ 伊豆の味処 錦
いずのあじどころ にしき

ランチにキンメダイ料理やアジ丼を

伊豆熱川駅近くにある、キンメダイの煮付けが評判の店。キンメダイ料理を単品や定食で提供するほか、尾赤アジをふんだんに使った鯵のたたき丼といった丼ものも充実。すべてのご飯メニューに、ふのり汁が付いているのも人気の理由だ。

☎0557-23-3279 ⊞東伊豆町奈良本971-35 ◷11時30分〜14時30分、17時〜20時30分 ㊡水曜夜、木曜 ◈伊豆急行伊豆熱川駅から徒歩2分 ℗12台 MAP折込表・熱川B1

④ 熱川ほっとぱぁ〜く
あたがわほっとぱぁ〜く

海が見える好ロケーションにある足湯

熱川海岸沿いにある無料の足湯は、温泉街の散策でぜひ立ち寄りたいスポット。目の前に広がる太平洋と伊豆七島を眺めながら、無色透明の湯が注ぐ温泉に浸かり、ほっとひと息つける。

☎0557-23-0174（熱川温泉旅館組合）⊞伊豆町奈良本986-1 ¥利用無料 ◷9〜19時 ㊡荒天時 ◈伊豆急行伊豆熱川駅から徒歩5分 ℗なし MAP折込表・熱川C1

■早朝に美しい朝日を眺めるのもおすすめ ■足湯で手軽に温泉を楽しめるのがうれしい

珍しいニシレッサーパンダに出会えるのは日本でココだけ！

■ハイビスカスやバナナなど南国ムード漂う植物園がある ■16種類約100頭のワニたちがお出迎え

② 熱川バナナワニ園
あたがわばななわにえん

温泉の町のあったかアニマル&植物パーク

高温で豊富な湯量の熱川温泉の源泉を利用した熱帯植物園とワニの飼育を行う施設。飼育しているワニは、大型のミシシッピーワニや獰猛なイリエワニなど16種類で、その数は約100頭。ワニ以外にもレッサーパンダや、日本でここだけのアマゾンマナティーなどもいる。

☎0557-23-1105 ⊞東伊豆町奈良本1253-10 ¥入園1800円 ◷9〜17時（最終入園は16時30分）㊡無休 ◈伊豆急行伊豆熱川駅から徒歩1分 ℗150台 MAP折込表・熱川A1

📖 熱川バナナワニ園はオリジナルみやげが充実。ワニのマスコットをデザインしたTシャツや雑貨、お菓子が人気です。

日本有数の"キンメ"漁港
稲取でとれたて海鮮ごはん

日本有数のキンメダイの漁獲量を誇る稲取。刺身や寿司、丼など、さまざまな料理で、伊豆を代表する海の幸が迎えてくれる。

稲取

あみもとりょうり とくぞうまるほんてん

網元料理 徳造丸本店

伊豆近海のキンメダイを贅沢に

市場評価の高い伊豆近海産のキンメダイをしゃぶしゃぶで提供。厚めにカットされサシが入った身は、ダシにくぐらせると旨みが増すという。しゃぶしゃぶ、刺身、煮付けなどの金目鯛づくし膳4290円も人気。

☎0557-95-1688 住東伊豆町稲取798 2F 営9時30分〜16時LO（土・日曜、祝日は9時30分〜15時LO、17時〜19時30分LO）休木曜 交伊豆急行伊豆稲取駅から徒歩10分 P40台 MAP折込表・稲取B1

こちらも
ぜひ

①脂ののったキンメダイはダシにくぐらせるととろけるような口当たりに ②秘伝の煮汁で甘くこってり煮付けた金目鯛煮魚と刺身膳2310円 ③店内からは稲取漁港を一望

（ **伊豆の代表的な魚介類** ）

東伊豆の稲取のキンメダイや西伊豆の戸田の高足ガニなど、伊豆では新鮮な海の幸が豊富にとれる。旬の時期を知って旅のプランニングに役立てよう。

伊勢エビ 旬◆9〜5月

東伊豆から西伊豆一帯が産地。漁が解禁となる9月から春にかけて伊豆各地で伊勢エビまつりが行われる。

キンメダイ 旬◆通年

通年にわたり水揚げされる深海魚。下田や稲取で漁獲量が高く、特に稲取のキンメダイは高値で取引されるブランド魚だ。

アジ 旬◆通年

伊豆のアジは脂がのっておいしいと評判。特に尾赤アジは真アジの約1.5倍の大きさがあり、丼やタタキなどで食される伊豆のソウルフード。

稲取

すしうおはち

寿し魚八

地元・稲取の味を寿司で

稲取生まれの主人が営む創業30年以上の寿司店。稲取キンメや地魚で勝負し、シャリがすっぽり隠れるほどの厚切りの身を使って握る金目寿しは、噛むごとに魚の脂を感じられる絶品と話題だ。新鮮な地元・稲取の魚を楽しもう。

☎0557-95-1430 住東伊豆町稲取371-4 営11〜19時LO 休水曜 交伊豆急行伊豆稲取駅から徒歩8分 P8台 MAP折込表・稲取B1

こちらも
ぜひ

①極上の金目寿し（8貫）3630円。アラ汁と牡蠣（季節で変更）が付く ②いろいろ食べたい人はおまかせ地魚寿司（並）3630円を ③本場の稲取寿司が食べたければこちらへ

東伊豆で売り出し中のキンメマン

稲取の名産を和菓子にする「花月製菓」が販売するキンメの煮付けまん350円（写真）。キンメダイの煮付けを中華まんにしたご当地グルメは、東伊豆町港の朝市で販売。
☎0557-95-3190 **MAP**P141F1

1 甘辛のタレで煮たキンメダイを味わえる、きんめ鯛煮付け膳2750円 2 番屋のような風情が漂う店内 3 なめろう、刺身など3つの味で。稲取きんめ鯛どんぶり2805円

こちらもぜひ

稲取
きんめどころ なぶらとと
きんめ処 なぶらとと
港のお母さんたちが営む食堂

地元のお母さんたちが切り盛りする稲取キンメの専門店。稲取きんめ鯛どんぶりは、バラのように盛られたキンメダイの刺身に女性らしさが表れている。稲取の漁港を目の前に、安く新鮮なものを食べたいなら短い営業時間を狙って行こう。
☎0557-95-5155 住東伊豆町稲取396 ⏰11～15時 休月・火曜（祝日の場合は営業）交伊豆急行伊豆稲取駅から徒歩10分 P3台 **MAP**折込表・稲取B1

メダイ
旬◆通年

水深200m近くで生息する深海魚。秋から冬にかけて脂がのり、身の締まる時期だが、下田では通年水揚げされる。

カマス
旬◆通年

長細い魚体で淡白な白身が特徴。海外でバラクーダとよばれる巨大魚もカマスの仲間。焼いても、干物でもおいしい。

真イカ
旬◆6～10月

スルメイカともよばれるおなじみのイカ。夏ごろに水揚げされるイカは身が締まっており、箸で持ち上げてピンとしている。

高足ガニ
旬◆9～5月

西伊豆・戸田が代表的な漁場。水深200～300mに生息する、足を広げると最大3mにもなる。一度は体験したい味だ。

河津
かいせんりょうり・ぎょかいどんぶり きちまる
海鮮料理・魚貝どんぶり 吉丸
キンメダイ料理が自慢の店

店主の実家や親戚が漁師のため、脂ののった身の厚いキンメダイが手に入る。姿煮御膳はキンメダイを1尾使った豪華メニュー。自家製の味噌焼き御膳2640円や西京焼き御膳2750円も人気だ。
☎0558-32-1913 住河津町浜149-4 ⏰11～20時LO（季節により変動あり）休木曜（祝日の場合は営業）、水曜不定休 交伊豆急行河津駅からすぐ P5台 **MAP**折込表・河津C2

1 金目鯛の姿煮御膳2970円～は注文を受けてから秘伝のタレで20分煮る。甘辛の味付けで身はふっくら 2 店内は落ち着いた雰囲気 3 店頭に自家製キンメダイの干物が

海抜0mの岩風呂も！
海辺の日帰り温泉でほっこり

打ち寄せるさざ波を聞きながら温泉に身も心もゆだねる…。
東伊豆には、誰もが憧れる海際の露天温泉が揃っている。

北川
くろねいわぶろ
黒根岩風呂

北川温泉にある海辺の露天風呂。手前に岩風呂が2つ、奥に丸い露天風呂があり、岩風呂が男性用、丸風呂が女性用になっている。開湯から60年以上、地元の湯守人によって維持されてきた北川温泉のシンボルだ。

☎0557-23-3997（北川温泉旅館組合）🏠東伊豆町北川 🕐10〜18時（最終入館は17時45分）※2023年1月現在、入場制限あり 🚫無休（荒天時は利用不可）🚃伊豆急行伊豆北川駅から徒歩7分 🅿10台
MAP P139E4

❊料金
600円
※北川温泉旅館組合加盟宿の宿泊客は無料。60分以内
❊風呂数
岩風呂2 丸風呂1

| タオル (有料) |
| バスタオル |
| 石けん |
| シャンプー／リンス |
| ドライヤー |
| 更衣室 (無料) |
| 広間休憩 |

波打ち際との距離は2m
海そばの絶景露天風呂

まるで海の中にいるみたい…

1波しぶきがかかるほど海の近くにある 2更衣室は男女別に設けられているから安心 3男性用の野趣あふれる岩風呂

まるで隠れ家のような
雰囲気の海辺の秘湯

1 5〜6人も入れば満員になるような小さな温泉 2 柵の向こうは大川の海

❊料金
500円
❊風呂数
男湯1 女湯1 混浴0

| タオル |
| バスタオル |
| 石けん |
| シャンプー／リンス |
| ドライヤー |
| 更衣室 (無料) |
| 広間休憩 |

大川
いそのゆ
磯の湯

駅から坂を下り、国道の下を通る土管のようなトンネルを抜けると到着する、隠れ家的な温泉。大川漁港のすぐそばにあり、高いフェンスで囲まれた男女別の露天風呂が用意されている。潮騒に耳を傾けながらのんびりと湯浴みを楽しもう。

☎0557-95-0700（東伊豆町観光協会）🏠東伊豆町大川 🕐11〜18時（8月は12〜19時）🚫火曜（荒天時は利用不可）🚃伊豆急行伊豆大川駅から徒歩10分 🅿15台 **MAP** P139E4

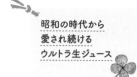

昭和の時代から愛され続けるウルトラ生ジュース

稲取と今井浜海岸の中間にある「旅の駅 伊豆オレンヂセンター」では、地元専業農家のミカンとハチミツを使った1杯飲むと3年長生きできるというウルトラ生ジュース400円が人気。
☎0558-32-1134 MAP P141E1

東伊豆 ● 海辺の日帰り温泉でほっこり

熱川
あたがわぷりんすほてる
熱川プリンスホテル

> **リゾートホテルの絶景風呂を日帰りで**

海の見えるホテルの風呂を利用できる。屋上天空露天風呂「薫風」は、空と海が一体となったような感覚で楽しめる。大浴場には、お茶風呂など7つの湯船がある「海色」と、みかん風呂など5つの湯船がある「空色」があり、男女入れ替え制で利用。どちらも露天風呂付き。

☎0557-23-1234 住東伊豆町奈良本1248-3 ◷15～20時（最終受付は19時）休不定休 交伊豆急行伊豆熱川駅から徒歩10分 ₽50台 MAP 折込表・熱川A1

❖料金
1200円
❖風呂数
屋上「薫風」2
大浴場「海色」7
大浴場「空色」5

タオル	(有料)
バスタオル	(無料)
石けん	(無料)
シャンプー／リンス	(無料)
ドライヤー	(無料)
更衣室	
広間休憩	

❶屋上の天空露天風呂「薫風」 ❷大浴場「空色」の露天風呂

> **露天風呂と一緒に食事や体験もぜひ**

> **周囲を山々に囲まれた露天風呂も**

湯船は男女別。4～5人が入れる大きさだ

山の露天風呂も風情がある

今井浜
ふなどのばんや
舟戸の番屋

おしゃれなウッドデッキの先に、絶景が広がる湯船を設置。洗い場はなく、シャワー室200円がある。バーベキューやジャム作り体験なども楽しめる。

☎0558-32-0432 住河津町見高358-2 ◷10～16時 休火曜 交伊豆急行今井浜海岸駅から徒歩6分 ₽16台 MAP P141E2

❖料金
300円
❖風呂数
男湯1 女湯1
混浴0

タオル	(有料)
バスタオル	
石けん	
シャンプー／リンス	
ドライヤー	
更衣室	(無料)
広間休憩	

河津
おどりこおんせんかいかん
踊り子温泉会館
豊富な種類の風呂を楽しめる

大浴場や露天風呂のほか、泡風呂、サウナなどが楽しめる町営の立ち寄り湯。露天風呂から眺める河津桜も見事。

☎0558-32-2626 住河津町峰457-1 ◷10～21時 休火曜、ほかメンテナンス休館あり 交伊豆急行河津駅から車で5分 ₽35台 MAP P141E1

❖料金
1000円（3時間）
❖風呂数
男湯1 女湯1
混浴0

タオル	(有料)
バスタオル	(無料)
石けん	(無料)
シャンプー／リンス	(無料)
ドライヤー	(無料)
更衣室	(無料)
広間休憩	(無料)

📖 舟戸の番屋の海鮮バーベキューは1名2500円。みかんジャム作り体験（1～7月）は1名2000円（要予約）です。

海の幸、山の幸に心躍る
個性が際立つ美食宿

東伊豆の宿といえば、絶景の温泉と新鮮な魚介の美食。
これらを同時に堪能できる人気の宿をご紹介。

北川温泉
きっしょうかれん
吉祥CAREN

自家源泉かけ流しの湯に癒やされる大人の隠れ家。キンメダイや伊勢エビ、天城山葵など山海の幸を使ったフレンチ懐石や鉄板焼、個室料亭で味わう和懐石で楽しめる。焼きたてパンケーキのアフタヌーンティーや鉄板ブレックファストも好評。記念日や連泊の利用時のサービスも充実。

☎0557-23-1213 住東伊豆町北川温泉 交伊豆急行伊豆熱川駅から車で10分 P20台 室全30室(和30) ●2012年12月全面改装 MAP P139E4 風呂:内湯2 露天6

朝日や月の道に癒やされるリゾートステイを

＋1泊2食付き料金＋
平日3万3700円～
休前日4万1400円～
＋時間＋
IN14時 OUT11時

気軽にお箸でいただける極上のフレンチ懐石

海と空と緑に囲まれた絶景露天風呂「碧海」

1 夕食はシェフのパフォーマンスも楽しい鉄板焼も選べる
2 ふわとろオムレツの鉄板ブレックファスト
3 露天風呂付きの客室も

稲取温泉
いなとりそう
いなとり荘

食事の際に、本日の魚介から好きなものを選んでお造りにしてくれるサービスが人気の宿。風呂は3つの貸切露天風呂(50分、有料)や大パノラマの大浴場など13種の湯船を備える温泉棟で。湯上り処では、早朝にキンメダイの味噌汁がサービスされるなどのもてなしが評判。

☎0557-95-1234 住東伊豆町稲取1531 交伊豆急行伊豆稲取駅から車で5分 P送迎あり(要予約) P70台 室全61室(和61) ●2002年6月改装 MAP折込表・稲取B2 風呂:内湯4 露天3 貸切3

きめこまやかなサービスと新鮮な魚介料理が自慢

＋1泊2食付き料金＋
平日2万900円～
休前日2万5300円～
＋時間＋
IN15時 OUT12時

1 本日の魚介をふんだんに使った食事がお楽しみ 2 絶景露天風呂「蒼空sora」は男女入れ替え制 3 寛げる和の客室はすべてオーシャンビュー

源泉かけ流し 部屋食 エステあり 禁煙ルームあり 大浴場あり ひとり宿泊OK

望水

北川温泉

ぼうすい
望水

太平洋に浮かぶ伊豆大島を望める宿。静岡県の食文化に貢献している職人に与えられる「ふじのくに食の都づくり仕事人」に認定された料理長が作る繊細な料理は、名物の海鮮石焼きなどが登場する懐石料理と、アラカルトを用意。絶景風呂で湯浴みのあとに、ゆっくりどうぞ。

☎0557-23-1230 🏠東伊豆町奈良本1126-6 🚉伊豆急行伊豆熱川駅から車で7分 🚗送迎あり(要予約) 🅿30台 🛏全33室(和33) ●1958年1月創業 MAP P139E4 ♨風呂:内湯2 露天2 貸切6

洗練された食と空間を海の観望とともに味わう

✛1泊2食付き料金
平日3万3150円～
休前日6万6150円～
✛時間✛
IN14時 OUT10時

1 地元産食材を使った料理を提供 2 アラカルトで注文できる、霜降り和牛の石焼きステーキ5500円 3 宿泊客は無料で利用できる貸切風呂

1日4組のみのおもてなし 美食と落ち着きの空間を堪能

今井浜温泉

きりのかほり さくら
桐のかほり 咲楽

今井浜海岸を見晴らす高台にある1日4組限定の宿。夕食に旬の地魚や、市場にほとんど出回らない地元産和牛が提供されるのも、客数を限定した宿ならでは。和の情緒と洋のモダンを備えた各部屋には、海を望む湯船を備えている。心づくしのもてなしで、静かに過ごせる。

☎0120-119-989 🏠河津町見高182-35 🚉伊豆急行今井浜海岸駅から徒歩1分 🚗送迎なし 🛑火～木曜 🅿5台 🛏全4室(和4) ●2006年1月創業 MAP P141E1 ♨風呂:貸切1

✛1泊2食付き料金
平日2万9500円～
休前日3万5600円～
✛時間✛
IN15時 OUT11時

1 季節の海の幸や山の幸が並ぶ。メインは地魚の刺身など 2 部屋に付いている風呂のほか貸切風呂もある 3 キンメダイの煮付けは別途注文で

片瀬温泉

おやどしらなみ
お宿しらなみ

片瀬海岸にある全9室のアットホームな宿。リーズナブルな価格設定ながら、豪快な舟盛りやキンメダイの煮付が夕食に並ぶ。温泉は自家源泉のかけ流しで、露天風呂や大浴場を時間ごとにひと組ずつ、貸切利用できるのがうれしい。温泉とたっぷりの美食を堪能しよう。

☎0557-23-0886 🏠東伊豆町片瀬575-7 🚉伊豆急行片瀬白田駅から徒歩5分 🚗送迎あり 🅿8台 🛏全9室(和6、和洋1、離れ2) ●1997年創業 MAP P139E4 ♨風呂:内湯2 露天2 貸切1

海沿いの宿で豪快に味わう 東伊豆の海鮮料理の数々

✛1泊2食付き料金
平日1万7600円～
休前日2万900円～
✛時間✛
IN15時 OUT10時

1 海の幸をたっぷり味わいたい人におすすめ 2 丹精込めた庭園が眺められる客室 3 大浴場も贅沢に貸切にできる

東伊豆 ● 個性が際立つ美食宿

71

ひとつひとつに願いを込めて
稲取の伝統「雛のつるし飾り」

毎年春を迎えるころに行われる稲取の伝統行事・雛のつるし飾り。
期間中はあでやかな飾りを展示する施設がオープンする。

ひな壇を中心につるし飾りが鈴なりに展示されている

いず いなとりおんせん
ひなのつるしかざりまつり

1月下旬〜3月末

伊豆 稲取温泉
雛のつるし飾りまつり

娘の成長を願う稲取の伝統飾り

稲取地区のつるし飾りの伝統は古く、江戸時代後期までさかのぼる。当時は雛人形を置ける裕福な家庭が少なかったことから、せめてつるし飾りで娘の初節句を祝おうとしたとされる。娘の成長を願う母や祖母の想いと、稲取に古くから伝わる細工の技術が融合したつるし飾りには、それぞれに謂れがあり、切ない親心が垣間見える。期間中は「文化公園 雛の館」をメインに、駅から海沿いを歩いて10分ほどのところにある食事処「きんめ処 なぶらとと」(→P67)など、稲取地区の4つ展示会場で、雛のつるし飾りを見ることができる。

ひとつひとつに
願いが込められた
つるし飾り

● 俵ねずみ
ねずみは大黒さんのお使いで金運、霊力をもたらすといわれる

● おかたぐろ
「おかた」とは高貴な人の意味。女の子の遊び道具の一つだそう

● 座布団
赤ちゃんが上手にお座りできるように、という願いが込められている

ぶんかこうえん ひなのやかた
文化公園 雛の館

日本三大つるし飾りに数えられる、山形県酒田市「傘福」や、福岡県柳川市「さげもん」も展示する。

☎0557-95-2901 (稲取温泉旅館協同組合) 🏠東伊豆町稲取1729 💴入館300円 🕘9時〜16時30分最終受付 休期間中無休 交伊豆急行伊豆稲取駅から徒歩20分 P30台(500円) MAP折込表・稲取B2

東伊豆のおすすめスポット

📷 稲取細野高原
いなとりほそのこうげん

相模灘まで見渡せる高原

天城連山の三筋山麓にあり、パラグライダーなどを楽しめる高原。約125haの広大な原野では、4月中旬〜5月上旬にかけてワラビやゼンマイなどの山菜採りが楽しめ、秋には黄金に輝くススキ野原となる。**DATA**☎0557-95-0700（東伊豆町観光協会）🏠東伊豆町稲取 💰🕐休散策自由（入山有料の期間あり）🅿伊豆急行稲取駅から車で15分 🅿周辺駐車場利用 **MAP**P141E1

🎵 伊豆アニマルキングダム
いずあにまるきんぐだむ

動物たちとふれあえる人気スポット

動物たちと同じ目線で歩くウォーキングサファリや、窓越しにライオンやホワイトタイガーを見ながら食事ができるレストランが人気。**DATA**☎0557-95-3535 🏠東伊豆町稲取3344 💰入園2500円 🕐9時30分〜17時（10〜3月は〜16時）※最終入園は1時間前 休無休（2023年は6月13〜15日、12月5〜7日）🚃伊豆急行伊豆稲取駅から東海バスで10分、バス停伊豆アニマルキングダム下車すぐ 🅿750台（500円）**MAP**P141F1

動物たちにエサ（有料）をあげることもできる

窓際のテーブル席がおすすめ。人気の席なので座れたらラッキー

📷 北川温泉ムーンロード
ほっかわおんせんむーんろーど

海面に映る月光が美しい

毎月、満月の前後数日間、海沿いの遊歩道から、月光が海面に道筋を描く神秘的な光景を見ることができる。10秒間お祈りをすると願いが叶うともいわれるパワースポットだ。伊豆北川駅からの海景色も素晴らしい。**DATA**☎0557-23-3997（北川温泉旅館組合）🏠東伊豆町奈良本（北川温泉）💰🕐休散策自由 🚃伊豆急行伊豆北川駅から徒歩5分 🅿なし **MAP**P139E4

🍜 かっぱ食堂
かっぱしょくどう

横浜生まれ、稲取育ちのご当地グルメ

地元の人たちに愛されている中国料理店。横浜中華街の名店で経験を積んだ先代が考案した、元祖・肉チャーハン950円（スープ付き。写真）が人気。玉子チャーハンの上に、しょうゆベースの味付けをした、豚肉とキャベツ炒めを豪快にトッピングしてある。**DATA**☎0557-95-2092 🏠東伊豆町稲取400-4 🕐11〜15時 休水曜 🚃伊豆急行伊豆稲取駅から徒歩10分 🅿1台 **MAP**折込表・稲取B1

👜 清月堂駅前店
せいげつどうえきまえてん

かわいいサザエ形の最中が人気

昭和26年（1951）創業の歴史ある菓子店。名物はサザエ形の最中「波の子」5個入り1200円（写真）。皮はサザエのイボまで再現している。つぶ餡と栗がまるごと一粒入った、パイまんじゅう190円なども人気が高い。**DATA**☎0557-23-2603 🏠東伊豆町大川253-13 🕐8時〜18時30分 休水曜（祝日の場合は不定休）🚃伊豆急行伊豆大川駅からすぐ 🅿3台 **MAP**P139E4

🍽 食事処 うめや
しょくじどころ うめや

ボリューム満点の海鮮料理が人気

新鮮な魚介類を使った料理が味わえる食事処。カンパチやメカジキなど旬の魚を3〜4種類盛り合わせた刺身盛合せ定食1250円は、厚切りの刺身にご飯やみそ汁、小鉢などが付き、食べごたえがある。とろろ付きの磯打ちつけ麺950円も人気だ。**DATA**☎0557-23-0301 🏠東伊豆町奈良本1253 🕐11時〜15時30分LO 休木曜 🚃伊豆急行伊豆熱川駅からすぐ 🅿5台 **MAP**折込表・熱川A1

🍜 Bakery & Table Sweets 伊豆
べーかりー あんど てーぶる すいーつ いず

絶景・足湯・スイーツを満喫

伊豆ホテル リゾート&スパにある眺望抜群のカフェ。テラスでは、足湯を楽しみながらスイーツやランチを楽しめる。アップルパイ プレート880円など。**DATA**☎0557-22-5151（伊豆ホテルリゾート&スパ）🏠東伊豆町奈良本1457-30 🕐10時〜16時30分LO（ショップは9時30分〜17時）休無休 🚃伊豆急行伊豆熱川駅から車で15分 🅿48台 **MAP**P139E4

👜 御菓子処 黒初
おかしどころ くろはつ

稲取にある和洋菓子の隠れた名店

全国菓子大博覧会で金賞を受賞した、かすてら1780円（1斤）など、数々の銘菓を生み出す老舗。おすすめは稲取自慢150円（写真）。国産小豆を使った餡がたっぷり入ったフワフワの食感が人気の味。ほかにも和洋菓子が店内に並ぶ。**DATA**☎0557-95-2976 🏠東伊豆町稲取672 🕐8時30分〜17時30分 休月曜 🚃伊豆急行伊豆稲取駅から徒歩10分 🅿なし **MAP**折込表・稲取B2

📖 伊豆大川から伊豆稲取までの東伊豆エリアは、伊豆急行の駅を中心に個性豊かな町が点在する穴場的な存在です。

これしよう！
幕末の面影を残す
ペリーロードへ

日米下田条約を締結した寺
や、松陰が重要書類を委ね
た店がある。☞P78

これしよう！
トレピチの伊勢エビを
豪快に味わう

国内屈指の伊勢エビ漁獲
量を誇る南伊豆で、贅沢
な海鮮料理を。☞P80

幕末の歴史をモチ
ーフにしたみやげも

これしよう！
話題のパワスポ
龍宮窟に行こう

ハート形の天窓が開いた
海食洞で、恋のパワーを授
かろう。☞P82

歴史ロマンが香る伊豆半島の最南端エリア

下田・南伊豆
しもだ・みなみいず

こんなところ

観光の中心は、黒船が渡
来した歴史の町・下田。
ペリー提督、ハリス、吉
田松陰など幕末に名を残
した人物ゆかりのスポッ
トが多く、今なお当時の
面影を伝える、趣ある町
並みが残っている。

access

●電車・バス		●車	
蓮台寺駅	白浜海岸	蓮台寺	白浜海岸
↓伊豆急行線 3分	↓バス13分	↓国道414号 約3km	↓国道135号 約5km
伊豆急下田駅		伊豆急下田駅	
	↓バス23分		
↓バス25分	休暇村(弓ヶ浜)	↓国道136号 約10km	↓国道136号・県道16号 約18km
	↓バス20分		
下賀茂	石廊崎オーシャンパーク	下賀茂	石廊崎

※下田・南伊豆までの交通はP128～の交通ガイドを参照

問合せ ☎0558-22-1531 下田市観光協会
広域MAP P140B3～141E2

松崎町

松崎へ

15

伊豆半島最南端からの景色
半島の南端にある石廊崎の灯台から絶景を(☞P83)

観音温泉

河津七滝へ

河津へ

414

稲梓

伊豆急行

イルカとふれあい体験
入江にある水族館では、イルカと遊ぶこともできる(☞P88)

下田市

② 蓮台寺温泉

蓮台寺

135

④ 白浜温泉　白浜海岸

一条竹の子村

伊豆急下田

▲寝姿山

① 下田温泉

下田港
道の駅 開国 下田みなと

青野川

119

松崎へ

136

下田公園　● 下田海中水族館

多々戸浜

爪木崎自然公園　● 爪木崎

道の駅下賀茂温泉湯の花

③ 下賀茂温泉

南伊豆町

▲平氏ヶ岳

龍宮窟
田牛海水浴場

弓ヶ浜
手石港

相模灘

あいあい岬

16

伊豆を代表する美しい海水浴場
弓なりに広がるビーチは、「日本の渚百選」に選定(折込裏)

石廊崎

0　　2km

N

観光のヒント
下田市街は徒歩で移動
南伊豆各地へは車で
下田はマリンスポーツが盛んで、美しい海水浴場が9カ所もあり、夏のリゾートには最適。下田駅近くにはレンタサイクル店もある。

下田・南伊豆

～下田・南伊豆エリアの温泉～

しもだおんせん
1 下田温泉
南伊豆を代表する温泉地。駅周辺の市街地にも温泉宿が多く、日帰り利用が可能な施設も充実している。

れんだいじおんせん
2 蓮台寺温泉
下田市街から山間に向かった先にある温泉地。千人風呂で知られる金谷旅館(☞P89)もこのエリアにある。

しもがもおんせん
3 下賀茂温泉
南伊豆最南端の温泉地。河畔から湧き出す温泉は、メロンの温室栽培にも利用されているのだとか。

しらはまおんせん
4 白浜温泉
サーフィンや海水浴で賑わう、風光明媚な白浜海岸沿いの温泉地。雄大な海を眺めながら湯浴みを。

ペリー、ハリス、松陰らが訪れた 幕末の歴史を感じる港町へ

200年以上続いた鎖国政策が終わるきっかけとなった黒船来航。
吉田松陰など、幕末の日本をゆるがした人物たちの軌跡をたどってみよう。

しもだ 下田ってこんなところ

明治維新の舞台となった港町

下田は「風待ち港」とよばれ、海運の要所として栄えた。かつては遊興客が行き交ったペリーロードや、商家のなまこ壁など古い町並みを今でも残している。ペリーやハリス、お吉、吉田松陰ら幕末の歴史に登場する人物ゆかりのスポットも多く、歴史好きな人にも人気の町だ。

問合せ ☎0558-22-1531(下田市観光協会)
アクセス JR伊東駅から伊豆急行線で1時間、伊豆急下田駅下車
広域MAP P141D3

▲下田港をはじめ伊豆七島、天城連山なども望める寝姿山自然公園

おすすめコース

ぐるっと回って約4時間

```
        伊豆急下田駅
          スタート
          ＆
          ゴール
   徒歩すぐ        徒歩5分
下田時計台    ⑥    ① 宝福寺
 フロント
   徒歩7分        徒歩7分
 邪宗門   ⑤    ② 下田開国
                 博物館
   徒歩7分        徒歩3分
ペリーロード ④    ③ 了仙寺
        徒歩1分
```

```
        伊豆急行    ◎下田市役所
      ◎伊豆急下田駅    下田ロープウェイ   寝姿山駅
  N  ┃                 ⑥
 200m         414 新下田駅
              新下田橋    武山
    136 下田時計台
      フロント   NanZ
  下田八幡神社   VILLAGE    白浜へ↑
     卍              サスケハナ
  宝福寺 ①              黒船     135
  市民文化会館             道の駅
       御菓子司 ロロ黒船     開国下田みなと  伊豆クルーズ
                  下田局           (下田港内めぐり)
  平井製菓
                  下田港
  石廊崎へ↓ ② 下田開国博物館
   了仙寺③  ④ ペリーロード
    └MoBS黒船ミュージアム    117
```

▶境内に坂本龍馬の像が立つ。龍馬の資料なども保管

ほうふくじ ① 宝福寺

下田の歴史に名を残す偉人ゆかりの寺

文久3年(1863)、勝海舟が前土佐藩主の山内容堂に、坂本龍馬脱藩の罪を許すよう願い出た座敷が見学できる古刹。ハリスの待妾であったお吉の菩提寺としても有名で、ゆかりの品を展示する記念館も。

☎0558-22-0960 住下田市1-18-26 料境内自由(お吉記念館は入館400円) 時8〜17時 休無休 交伊豆急行伊豆急下田駅から徒歩5分 P15台 MAP折込表・下田A2

▲約1000点にものぼる資料を展示している

ペリー提督気分で
下田の港を
優雅にクルーズ

日本に来航した際にペリー提督が乗っていた船をモチーフにした「黒船サスケハナ」は、下田港周辺を約20分かけて巡る遊覧船。乗船1400円（展望室は別途500円）。☎0558-22-1151 MAP折込表・下田C2

② 下田開国博物館
しもだかいこくはくぶつかん

幕末期の歴史資料を展示
2022年12月にリニューアル

黒船が来航した町・下田にある記念博物館。貴重な資料や遺品などの所蔵品を入れ替えながら展示している。2022年のリニューアルで、ARを活用した体験型展示などが登場。

☎0558-23-2500 ⬜下田市4-8-13 ¥入館1200円 ◐9時〜16時30分最終入館 ㉁無休 ⊗伊豆急行伊豆急下田駅から徒歩10分 Ⓟ30台 MAP折込表・下田A3

③ 了仙寺
りょうせんじ

200年続いた鎖国政策
終焉の舞台となった古刹

嘉永7年（1854）、日米和親条約の付属条約である下田条約締結の場として使われた寺だ。境内には、ペリーや黒船来航に関する約3000点にものぼる資料を収蔵・展示する「MoBS黒船ミュージアム」（☞P78）も併設。

☎0558-22-0657 ⬜下田市七軒町3-12-12 ¥境内無料 ◐8時30分〜17時 ㉁12月24〜26日 ⊗伊豆急行伊豆急下田駅から徒歩10分 Ⓟ40台 MAP折込表・下田A3

▲5月には1000株ものアメリカンジャスミンが咲く

④ ペリーロード
ぺりーろーど

明治・大正のロマンを
感じるレトロな通り

かつて遊郭などが並び、栄えたペリーロード。柳が生い茂る川沿いには、今もなまこ壁や石造りの建物が多く、ここだけ時間が止まっているように感じられる美しい町並みが残る。（☞P78）

☎0558-22-1531（下田市観光協会） ⬜下田市3 ¥㉁散策自由 ⊗伊豆急行伊豆急下田駅から徒歩10分 Ⓟなし MAP折込表・下田A3

▲古い建物を活用したカフェや食事処が並ぶ▶町を流れる用水路の橋も美しい

ひと休み…

▼炭酸入り紅茶にアイスをのせたティーパフェ700円

▲時間が止まったようなレトロな空間

⑤ 邪宗門
じゃしゅうもん

下田の歴史を今に伝える喫茶店

なまこ壁が趣深い建物は、嘉永7年（1854）の安政の大津波でも流されず残ったといわれているもの。ノスタルジックな調度品に囲まれて、ウインナーコーヒー700円などが楽しめる。

☎0558-22-3582 ⬜下田市1-11-19 ◐11〜16時 ㉁水・木曜 ⊗伊豆急行伊豆急下田駅から徒歩5分 Ⓟ2台 MAP折込表・下田B2

⑥ 下田時計台フロント
しもだとけいだいふろんと

多彩なおみやげを揃える
下田駅前のランドマーク

伊豆急下田駅が開業した昭和36年（1961）にオープンした、なまこ壁と時計台が目を引く、みやげ物店兼食事処。伊豆の定番商品をはじめ、店オリジナルの「IPPIN」ブランドの商品を揃えており、おみやげ探しにはピッタリだ。

☎0558-22-1256 ⬜下田市東本郷1-5-2 ◐9時30分〜17時30分（レストランは10時30分〜16時LO） ㉁木曜 ⊗伊豆急行伊豆急下田駅からすぐ Ⓟ5台 MAP折込表・下田B1

▲本格的な食事や甘味も味わえる

📖「旧南豆製氷所」の跡地を利用した総合商業施設NanZ VILLAGE（MAP折込表・下田B2）には、グルメや観光情報が集まっています。

懐かしさと新しさに心踊る 石畳のペリーロードを探検

吉田松陰が駆け込んだ築160年以上の建物が、今ではソウル・バーに。
歴史ある下田の情緒を守り続ける、個性豊かな店を訪ねてみよう。

ミュージアム

もっぶすくろふねみゅーじあむ

❶MoBS黒船ミュージアム

新感覚のミュージアムで歴史を学ぶ

了仙寺（☞P77）の敷地内にあるミュージアム。黒船来航の歴史を3種の映像で見られる黒船シアターや、約3000点の所蔵品から展示を行う企画展は見ごたえあり。ショップではオリジナルグッズを販売。
☎0558-22-2805(了仙寺) 🏠下田市3-12-12 ¥入館500円 🕐8時30分〜17時（最終入館は16時40分）🈂12月にあり（2024年からは火曜または水曜）🚊伊豆急行伊豆急下田駅から徒歩10分 🅿30台 **MAP**折込表・下田A3

❶エントランスでペリー提督のパネルと記念撮影を ❷わかりやすくて面白いと好評の黒船シアター ❸企画展示室の展示品はすべて原本・実物の貴重なものだ ❹ペリー提督の顔や黒船デザインの竹うちわ各540円

↑下田伊豆急駅へ

❶

了仙寺

❸ ペリーロード

❷

❶ペリーロードを象徴する古い建物 ❷アンティークに囲まれた店内は居心地抜群 ❸古物商で仕入れた掘り出し物がいっぱい。宝探し気分で見てみよう

❹日本製の本漆の碗は1碗500円〜 ❺昭和のカップ&ソーサーは5客セット1万5000円

アンティークショップ&カフェ

かざまちこうぼう

❷風待工房

アンティークの美を教えてくれる

主人の目利きとセンスにかなったアンティークが並ぶショップ&カフェ。南北朝時代という博物館級の壺や、普段使いしたくなる手ごろな漆器や陶器などが店内を飾る。コーヒー500円を飲みながら、日常生活に彩りを添えてくれそうなアンティークを探してみるのもおすすめ。
☎0558-23-3269 🏠下田市3-13-12 🕐10〜18時 🈂水曜 🚊伊豆急行伊豆急下田駅から徒歩12分 🅿なし **MAP**折込表・下田A3

1 ランチ限定の金目鯛とあさりのシーフードカレー1540円（ドリンク付き）が人気 2 ハワイアンの世界が広がる店内。テラス席もある

ハワイアン料理

かまあいな（しもだ ぺりー ろーど くら）

③KAMA'AINA
（Shimoda Perry Road 蔵）

町に溶け込むハワイアン・ダイニング

下田の町並みに溶け込むレトロモダンな建物が印象的な複合施設・蔵。蔵造りのファサードの両側に雑貨店があり、その奥にハワイアン料理が楽しめるこの店がある。昼はカレーやパスタなどを提供し、夜はバーとして営業している。テラス席は愛犬を連れての利用もOK。

☎0558-27-1580 住下田市3-10-13 ⏰11～16時、18～20時LO 休月曜の夜、火曜 交伊豆急行伊豆急下田駅から徒歩12分 Pなし MAP折込表・下田A3

バー

そうる ばー とさや

④SOUL BAR 土佐屋

明治維新とソウルミュージックの混沌

安政元年(1854)に建てられ、吉田松陰が密航を企てる直前に、重要書類を預けたと伝えられる商家の建物を利用したバー。歴史好きや建築学者も見学に訪れる貴重な建物で、酒と音楽に酔いしれてみては。

☎0558-27-0587 住下田市3-14-30 ⏰19時～深夜 休不定休 交伊豆急行伊豆急下田駅から徒歩12分 Pなし MAP折込表・下田A3

1 築約160年以上の建物は安政の大津波(1854年)に建て替えられたもの 2 ソウルやファンクのアナログ盤を数千枚揃える 3 トマトとバジルのピザ1200円などフードメニューも充実

⑤

柳橋　逢坂橋　平滑川

④

1 気軽に立ち寄れる昔ながらの雰囲気 2 店内に入るとレトロな空間が

カフェ

きっさ ぺぺ

⑤喫茶 PEPE

落ち着けるレトロな空間

アットホームでレトロな雰囲気にホッとする昔ながらの喫茶店。昭和44年（1969）の開業時からの味を守り続けている自家製カレー800円などのメニューが味わえる。犬連れでの利用もOKというのもうれしい。

☎0558-22-3635 住下田市3-8-14 ⏰10～16時 休日曜 交伊豆急行伊豆急下田駅から徒歩15分 P2台 MAP折込表・下田B3

雑貨

しもだひまち

⑥下田日待

港町・下田の粋と活気を感じる店

古い蔵にある雑貨店。緻密なレーザー加工を施した木札や流木アートは、港町の粋と華やぎを伝えており、みやげにもなる。土曜のみ営業。

☎0558-22-1514 住下田市3-1174-7 ⏰11～14時 休日～金曜 交伊豆急行伊豆急下田駅から徒歩13分 P1台 MAP折込表・下田B3

1 ギャラリーとして流木アート(Nagaremono)の展示販売もしている 2 木札などに名前や図柄を彫ってくれる。1500円～

下田・南伊豆 ● 石畳のペリーロードを探検

📖 個性豊かな店が集まるペリーロードでは、「下田日待」など店主の郷土愛を感じる素敵な店に出会えます。

南伊豆名物の伊勢エビと
とれピチ魚介料理を召し上がれ

全国屈指の伊勢エビの漁獲量を誇る下田&南伊豆。
贅沢な鍋や刺身など、この土地ならではの料理を味わおう。

南伊豆
きょうどかっぽう いずのあじ おかだ

郷土割烹
伊豆の味 おか田

南伊豆の海の幸と
山の幸が盛りだくさん

伊豆の名物料理をおいしいご飯と
ともに提供。豪快な郷土料理・わだ
つみ鍋をはじめ、南伊豆の新鮮な
魚を使った料理が豊富だ。伊勢エ
ビやキンメダイを鍋、刺身、煮付け
などに仕立て、安心価格で提供。近
隣の宿に素泊まりして、夕食はここ
でとる観光客も多いとか。また、丼
物にはサザエのつぼ焼きが付くな
ど副菜も充実。

☎0558-62-1006 🏠南伊豆町湊307-1
🕐11時〜19時30分LO 🈳無休 🚃伊豆
急行伊豆急下田駅から東海バスで18分、
バス停日野下車、徒歩2分 🅿30台
MAP P140C3

南伊豆の自然に囲まれた純和風の店

伊勢海老わだつみ鍋定食
1人前 4235円
伊勢エビや明日葉などを味噌仕立
ての鍋で味わう郷土料理

こちらも
ぜひ

おか田で食す南伊豆の絶品魚介料理

伊勢海老の活き造り
6000円〜
伊勢エビの甘みとプリプリの
刺身でぜひ味わって

金目鯛の煮つけ定食
2530円
注文を受けてから炊き上げ
るので、できたてを味わえる

金目鯛の開き定食
1705円
パリパリの皮の食感と香ばし
さが堪らないおいしさ

イカとイクラの日の丸定食
2530円
サザエのつぼ焼きが付いて
いる贅沢な一品

下田駅で買える とっておきの 海鮮弁当

伊豆急下田駅構内にある「ショッピングKIS'A」では、キンメダイを絶妙な塩加減で焼いた金目鯛の塩焼き弁当1130円を販売。ご飯の上に敷き詰められた焼き海苔が特徴。☎0558-23-1332 MAP折込表・下田B1

下田・南伊豆 ● 南伊豆名物の伊勢エビ

`下田`
いそりょうり つじ
磯料理 辻

鮮度抜群の伊勢エビを豪快に

約70年続く海産物卸売店が営む本格磯料理の店。地元で水揚げされた伊勢エビを丸ごと一尾使い、秘伝の甘辛のタレで焼き上げる鬼殻焼きは、この店の人気のメニュー。
☎0558-22-0269 📍下田市3-19-36 🕐11時～14時30分LO、17時30分～20時30分LO 🏠水曜（祝日の場合は前日または翌日）🚌伊豆急行伊豆急下田駅から東海バスで7分、バス停下田海中水族館下車、徒歩5分 🅿4台 MAP折込表・下田B4

`こちらもぜひ`

定番メニューのサザエのつぼ焼きは1個400～600円

伊勢海老 鬼殻焼き
3000～5000円
生簀から取り出した伊勢エビをまっぷたつに。秘伝のタレで焼き上げる

`こちらもぜひ`

エビのミソで仕立てた濃厚スープの伊勢エビラーメン1520円

`南伊豆`
あおきさざえてん
青木さざえ店

サザエと伊勢エビ料理がおすすめ

サザエなどを扱う海産物卸売業者直営の食事処。地元の伊勢エビを使ったボリューム満点の伊勢エビ天丼や伊勢エビラーメンを。
☎0558-62-0333 📍南伊豆町湊894-53 🕐8時30分～18時LO（土・日曜は～18時30分LO、夏期は～19時LO）🏠無休 🚌伊豆急行伊豆急下田駅から東海バスで23分、バス停休暇村下車、徒歩1分 🅿15台 MAP P140C4

伊勢エビ天丼 1860円
丼からはみ出すほどの伊勢エビの天ぷらがのる

`南伊豆`
ちいさなれすとらん しいのきやま
小さなレストラン しいの木やま

伊勢エビを洋風仕立てで提供

2022年、下賀茂温泉の名所である桜並木に近い場所に移転。ガーリックの効いた伊勢エビのパスタをはじめ、地元の旬の食材を使ったパスタやカレー、フォカッチャが人気だ。
☎070-4013-3594 📍南伊豆町下賀茂841-7 🕐11時30分～14時LO、17時30分～20時LO 🏠不定休 🚌伊豆急行伊豆急下田駅から東海バスで16分、バス停下賀茂下車、徒歩2分 🅿2台 MAP P140C3

`こちらもぜひ`

自家製の焼きたてフォカッチャは、桜えび＆ちりめんじゃこ400円など5種類ある

伊勢海老のパスタ 2500円
伊勢エビの風味が、トマトやクリームと調和した逸品

📖 下田では毎年9～12月にかけて伊勢えびまつりを開催。協賛するホテルや旅館では伊勢エビが付く宿泊プランを提供しています。

伊豆半島誕生の歴史を体感！
ダイナミックな絶景スポット

太古の"地球活動"によって生まれた、神秘的な景観が魅力のジオパーク。
南伊豆にある、行ってみたいジオサイトをご紹介。

伊豆半島ジオパークって？

「ジオパーク」とは、大地や地球の成り立ちを知ることができる、地質学的に価値のある自然遺産のこと。伊豆半島は、南洋の海底にあった火山群が約100万年前に本州に衝突して生まれたもので、各所でさまざまな大地の活動が見られることから、2018年にユネスコの世界ジオパークに認定された。

打ちつける波によってできた海食洞

りゅうぐうくつ
龍宮窟 ジオサイト

神秘的なハート型の海食洞

伊豆半島最大級の海食洞で、洞窟の上部に直径約50mの天窓がぽっかり開いている。洞内の壁には海底火山から噴出した黄褐色の火山礫の層が見られ、青い海と空とのコントラストが神秘的。龍宮窟を見下ろす遊歩道も整備され、上から見るとハート型に見えることから、恋愛のパワースポットとしても話題に。洞窟内は一部立ち入り不可。☎0558-22-1531（下田市観光協会）🏠下田市田牛地区 🕐💰🈺見学自由 🚉伊豆急行伊豆急下田駅から車で20分 🅿約15台（1回500円）MAP P141D4

━━ 龍宮窟に隣接！ ━━
とうじさんどすきーじょう
田牛サンドスキー場 ジオサイト

強い海風で吹き上げられた砂が積もってできた天然の砂のゲレンデ。滑走距離は約45m。ソリは近隣の民宿などでレンタル（1日200円〜）できる。☎0558-22-1531（下田市観光協会）🏠下田市田牛地区 🕐💰🈺入場自由 🚉伊豆急行伊豆急下田駅から車で20分 🅿約15台（1回500円）MAP P141D4

▲傾斜角度は30度！急傾斜でスリル満点

えびすじま
恵比須島 ジオサイト

◀遊歩道を歩きながら見学できる

美しい縞模様の地層に注目

須崎半島の先端から橋で渡れる島。火山灰が海底に積もって生じた縞模様の地層が見られる。☎0558-22-1531（下田市観光協会）🏠下田市須崎 🕐💰🈺見学自由 🚉伊豆急行伊豆急下田駅から車で12分 🅿6台 MAP P141D3

つめきざき
爪木崎 ジオサイト

◀溶岩が冷えて収縮し、できた「柱状節理」

海底火山の噴火の名残

須崎半島の東南に位置する。西側の海岸は「俵磯（たわらいそ）」とよばれ、柱状の岩が積み重なった景色が広がる。☎0558-22-1531（下田市観光協会）🏠下田市須崎 🕐💰🈺見学自由 🚉伊豆急行伊豆急下田駅から車で15分 🅿200台（1回500円）MAP P141E3

石廊崎周辺の観光の拠点に

石廊崎周辺の観光拠点となっている「石廊崎オーシャンパーク」には、ジオパークビジターセンターやフードコートなどがある。散策前後に立ち寄ってみよう。スイーツも人気だ。☎0558-65-1600 P140C4

いろうざき

石廊崎 [ジオサイト]

太平洋を一望できる絶景スポット

伊豆半島最南端に位置する岬。先端まで遊歩道が整備されており、海底に流れ出た溶岩が冷え固まってできた断崖絶壁と、雄大な海が造り出すダイナミックな景色を堪能できる。断崖の上には灯台や神社もある。

☎0558-62-0141(南伊豆町観光協会) 🏠南伊豆町石廊崎 ¥無料 休見学自由 交伊豆急行伊豆急下田駅から東海バス石廊崎方面行きで45分、バス停石廊崎オーシャンパーク下車すぐ P100台(1回700円) MAP P140C4

❶岬の先端まで遊歩道が整備されている ❷海の神を祭る石室神社は海上安全にご利益がある ❸白亜の石廊崎灯台(内部の見学は不可)

海から景色を眺めるなら！

いろうざきみさきめぐりゆうらんせん

石廊崎岬めぐり遊覧船

石廊崎周辺の風光明媚なスポットを25分で巡る遊覧船。「日本の灯台50選」に選ばれた石廊埼灯台や、透明度抜群のヒリゾ浜などを海上から見学できる。

▲石廊崎港からマリンバード号に乗って出発

☎0558-65-0036 🏠南伊豆町石廊崎55 ¥乗船1600円 ⏰9時30分～15時30分(30分ごとに運航、所要25分) 休荒天時 交伊豆急行伊豆急下田駅から東海バス石廊崎方面行きで38分、バス停石廊崎港口下車、徒歩5分 P50台(1日700円) MAP P140C4

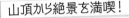

山頂から絶景を満喫！

ねすがたやましぜんこうえん (しもだろーぷうえい)

寝姿山自然公園(下田ロープウェイ)

標高200mの寝姿山の山頂に整備された公園。山頂駅には、観光列車をイメージしたレストラン「THE ROYAL HOUSE」がある。☎0558-22-1211(下田ロープウェイ)/0558-25-0005(THE ROYAL HOUSE) 🏠下田市東本郷1-3-2 ¥ロープウェイ往復1250円 ⏰8時45分～17時(10月16日～3月15日は～16時45分、片道約3分30秒) 休荒天時 交伊豆急行伊豆急下田駅から徒歩1分 P35台 MAP 折込表・下田C2

❶THE ROYAL HOUSEのカツカレー1300円 ❷縁結びにご利益があると話題の愛染明王堂 ❸ロープウェイのゴンドラは観光列車「THE ROYAL EXPRESS」を手がけた水戸岡鋭治さんがデザイン

 石室神社では、伊豆の七不思議の一つで、江戸時代から伝わる「石廊崎権現の帆柱」を見ることができます。

自然に抱かれ温泉三昧
露天風呂が自慢の宿

温暖な気候の南伊豆。木陰を吹き抜ける風を感じながら、
気持ちよく湯浴みを楽しめる宿でほっこりしよう。

下賀茂温泉

はなのおもてなし なんらく
花のおもてなし 南楽

宿に入った瞬間から、田舎のふるさと
に帰ったような安らぎを感じられる。
滞在中は、10カ所17種類の趣が異
なる貸切風呂と2カ所の大浴場で湯
めぐりを楽しめる。目の前の川を見渡
せる客室と、南伊豆の恵みたっぷりの
夕食で大満足。

☎0558-62-0171 🏠南伊豆町下賀茂130-1
🚉伊豆急行伊豆急下田駅から車で18分 🅿
送迎あり(要予約) 🅿40台 🛏全39室(和37、
和洋2) ●2021年6月改装 MAPP140C3
♨風呂:内湯2 露天3 貸切10

╋1泊2食付き料金╋
平日2万6000円～
休前日3万円～
╋時間╋
IN15時 OUT11時

▶大浴場「宮の湯」の露天風呂。
大浴場「甚兵衛の湯」には2つの
露天風呂がある

あたたかなもてなしに安らぎ
南伊豆で見つけた"心のふるさと"

あっ、たまる～

1 下賀茂亭はすべての客室に囲炉裏と露
天風呂が付いている 2 新鮮な南伊豆の
海と山の幸を郷土料理仕立てで提供

— 個性豊かな17種の貸切風呂 —

♨**九条の湯**
ヒノキ造りの大きな露天風
呂。本当に貸切！？と思ってし
まう広さをひとり占めできる。

♨**四季の湯**
内湯はゆったり。外には2つ
の風呂があり、夫婦瓶と
して人気だ。

♨**陶芸の湯**
内湯では大きな瓶風呂、外
では趣のある石造りの露
天風呂を楽しめる。

♨**天女の湯**
美肌効果が期待できると
女性に人気。湯上がりはお
肌ツルツル♪

♨**華の湯**
木の温もりとヒノキの香り
に包まれた、心地よいリラ
ックス空間。

下田

いんせん、じかげんせんかけながしのひとう かんのんおんせん

飲泉、自家源泉
かけ流しの秘湯 観音温泉

超軟水でpH9.5というアルカリ性の良泉を堪能できる宿。全室露天風呂付きのピグマリオン、ヒノキの香りが心地いい本館など、趣の異なる部屋を用意している。南伊豆の海と山の新鮮な食材と、観音温泉アルカリ源泉を使用した料理も評判。

☎0558-28-1234 🏠下田市横川1092-1
🚃伊豆急行伊豆急下田駅から車で20分
🚌送迎あり 🅿40台 🛏全55室（和室45、和洋10）●2022年改装 MAPP140C2
♨風呂：内湯4 露天4 貸切2

強アルカリ性の美肌の湯を堪能できる山間の宿

＋1泊2食付き料金＋
（ピグマリオン）
平日・休前日
3万4000円～
＋時間＋
IN15時 OUT10時

1 温泉はビロードのような肌ざわり。飲泉もできる 2 2022年にリニューアルした離れ「産土亭（うぶすなてい）」のコネクティングルーム 3 源泉釜飯などの名物料理も

知る人ぞ知る湯処・蓮台寺の緑に抱かれる名湯の宿

＋1泊2食付き料金＋
平日2万8505円～
休前日3万1350円～
＋時間＋
IN14時 OUT11時

蓮台寺温泉

いずのやど れんだいじおんせん せいりゅうそう

伊豆の宿
蓮台寺温泉 清流荘

豊富な湧湯量を誇る自家源泉を3つももつ宿。野趣あふれる岩風呂や、整えられた庭園風呂のある大浴場は2カ所。天然温泉のプールもリゾート気分を盛り上げてくれる。東館和洋室ほか全室禁煙。

☎0558-22-1361 🏠下田市河内2-2 🚃伊豆急行蓮台寺駅から徒歩7分 🚌送迎あり（要予約）🅿30台 🛏全26室（和17、和洋9）●2010年11月改装 MAPP141D3
♨風呂：内湯2 露天2 貸切1

1 緑が映える東屋のある大露天風呂・朱鷺の湯 2 畳敷きの部屋とモダンなベッドリビングに、半露天風呂が付いた客室・東雲 3 山海の幸を最良のタイミングで出す"掛け出し"にこだわる夕食

下田温泉

（一客室）

さとやまのべってい しもだせんとらるほてる

里山の別邸
下田セントラルホテル

天城山系の豊かな自然に包まれた里山の宿。開放的に温泉浴を楽しめる大浴場「せせらぎの湯処」や露天風呂付き客室など、温泉は宿の自慢の一つ。下田名産のキンメダイを中心にした和会席膳も大きな魅力だ。

☎0558-28-1126 🏠下田市相玉133-1
🚃伊豆急行伊豆急下田駅から車で20分
🚌送迎あり（定期運行、要予約）🅿50台
🛏全39室（和15、洋2、和洋8、露天付14）
●2013年12月改装 MAPP141D2
♨風呂：内湯2 露天2

四季折々の彩りがある里山で贅沢な時間を過ごす

＋1泊2食付き料金＋
平日2万8000円～
休前日3万4000円～
※和室利用の場合
＋時間＋
IN15時 OUT11時

1 内湯、露天風呂、サウナが揃う大浴場・せせらぎの湯処 2 ベッドを配した和モダンな客室 3 旬の食材を使い、季節感あふれる料理を提供（一例）

海の見える立地が自慢
休日を楽しむ海辺の宿

下田や南伊豆には、白浜や弓ヶ浜など魅力的な海岸が数多くある。
紺碧の海を望む静かなリゾートで、癒やしのステイを満喫しよう。

外浦温泉

しもだびゅーほてる
下田ビューホテル

外浦海岸を望む高台に立ち、晴れた日には伊豆の島々を見渡せる、下田随一ともいわれる眺望自慢のホテル。客室は全室オーシャンビューで、露天風呂付きタイプも用意。2022年にはフィットネスジムやワーケーションスペースもオープンし、さまざまなニーズに対応している。

☎0120-289-489 🏠下田市柿崎633 🚉伊豆急行伊豆急下田駅から車で6分 🚌送迎あり(要予約) 🅿80台 🛏全80室(和54、和洋20、露天付6) ●1972年5月創業
MAP P141E3 ♨風呂:内湯2 露天2

外浦海岸に広がる白浜の向こうから朝日が昇るパノラマが自慢

┊1泊2食付き料金┊
平日1万3200円〜
休前日1万7600円〜
┊時間┊
IN15時 OUT10時

1客室の露天風呂もオーシャンビュー 2ラウンジからの見晴らしも抜群 3夕食は旬の食材を使った懐石料理

弓なりの入江の海岸で、波の静かな外浦海水浴場が目の前

夏の思い出がよみがえる海と緑の小さなホテル

┊1泊2食付き料金┊
平日1万2000円〜
休前日1万2000円〜
┊時間┊
IN15時 OUT11時

1四季折々の景色が楽しめるホテル 2海を眺められる貸切露天風呂が2つある 3ほっこり和めるオーシャンビューツイン

白浜

がーでんゔぃらしらはま
ガーデンヴィラ白浜

白浜海岸を望む高台に立つ小規模なホテル。気さくなスタッフがもてなしてくれる、アットホームな雰囲気に心安らぐ。木立の深い緑とコントラストをなす青い海を眺めながら入浴できる貸切露天風呂は2カ所。夏には隣接するバーベキューガーデンでの夕食も楽しみ。

☎0558-22-8080 🏠下田市白浜2644-1 🚉伊豆急行伊豆急下田駅から車で10分 🚌送迎なし 🅿17台 🛏全17室(和1,洋13,和洋1ほか) ●2002年2月創業 MAP P141E3 ♨風呂:貸切2

🏠源泉かけ流し 🍴部屋食 💆エステあり 🚭禁煙ルームあり ♨大浴場あり 👤ひとり宿泊OK

下田東急ホテル
しもだとうきゅうほてる

目の前に青い海が広がる絶景が自慢。夏はホテルから水着で行ける鍋田浜ビーチでバカンスを楽しめる。レストランではビストロノミー（親しみやすい美食）を満喫。週末のランチやアフタヌーンティーもおすすめだ。

☎0558-22-2411 🏠下田市5-12-1 🚉伊豆急行伊豆急下田駅からシャトルバスで6分 🅿送迎あり（定時運行）🅿80台 🛏全112室（洋103、和9）●1962年創業、2017年4月改装 **MAP**P141D3 ♨風呂：内湯2 露天2

✛1泊朝食付き料金✛
平日1万250円〜
休前日1万1770円〜
✛時間✛
IN15時 OUT11時

1 下田観光に最適な好立地 2 温泉露天風呂（女湯）。リラクゼーションサロンもある 3 ターコイズブルーが基調のスーペリアツイン（一例）

✛1泊2食付き料金✛
平日1万5400円〜
休前日1万900円〜
✛時間✛
IN15時 OUT11時

1 ドーム型の屋根に覆われたスパ・ヴィラの貸切露天風呂 2 夕食は炭火会席と部屋またはダイニングでいただく磯会席から選べる 3 露天風呂も付いているオーシャンビューの客室

下田大和館
しもだやまとかん

太平洋を見晴らす眺望自慢の宿。白砂と紺碧の海が美しい多々戸浜を望む高台に立ち、全室でオーシャンビューが堪能できる。最上階にある和洋6つの大浴場には、ヨット形の湯船など趣向をこらした浴室を用意。貸切風呂も人気。

☎0558-22-1000 🏠下田市吉佐美2048 🚉伊豆急行伊豆急下田駅から車で5分 🅿送迎あり 🅿80台 🛏全60室（和50、和洋5、洋5）●1966年創業 **MAP**P141D3 ♨風呂：内湯4 露天2 貸切2

休暇村 南伊豆
きゅうかむら みなみいず

「日本の渚百選」にも選ばれた、弓ヶ浜にある施設。庭園露天風呂や星空に包まれる潮騒テラス、ゆとりを重視した和洋室、くつろぎの和室などからなる。夕食は、キンメダイやサザエなど、海の幸をメインに使用した和洋ビュッフェが楽しめる。

☎0558-62-0535 🏠南伊豆町湊889-1 🚉伊豆急行伊豆急下田駅から東海バスで25分、バス停休暇村下車すぐ 🅿送迎なし 🅿120台 🛏全76室（和40、洋3、和洋33）●2008年7月改装 **MAP**P140C4 ♨風呂：内湯1 露天1

✛1泊2食付き料金✛
平日1万5500円〜
休前日1万7700円〜
✛時間✛
IN15時 OUT10時

1 松林越しに弓ヶ浜を望むゆったり広々とした客室 2 庭園露天風呂や壺湯などを備える温泉大浴場 3 できたてのメニューが並ぶビュッフェを楽しもう

ココにも行きたい

下田・南伊豆のおすすめスポット

🏛 白濱神社
しらはまじんじゃ

商業、漁業、そして縁結びにご利益が

2400年以上の歴史を誇る古社。境内には樹齢2000年以上のビャクシン樹林がある。三嶋大神（みしまのおおかみ）とともに祭られる伊古奈比咩命（いこなひめのみこと）は縁結びの神様で、パワースポットとしても人気。**DATA**☎0558-22-1183 🏠下田市白浜2740 ¥境内自由（授与所は9〜16時）🚌伊豆急行伊豆急下田駅から東海バスで10分、バス停白浜神社下車すぐ ℗60台 **MAP**P141E3

🍴 旬の味ごろさや
しゅんのあじごろさや

旬の地魚を堪能できる

海鮮料理がおいしいと地元でも評判の店。メニューは多彩で、10種類以上の刺身を豪快にのせた定番人気の海鮮どんぶり1800円（写真）など、およそ100種。ランチタイムには行列ができることもあるので、予約が望ましい。**DATA**☎0558-23-5638 🏠下田市1-5-25 ⏰11時30分〜14時、17〜21時 休木曜 🚌伊豆急行伊豆急下田駅から徒歩5分 ℗5台 **MAP**折込表・下田B2

🍴 蕎麦 いし塚
そば いしづか

下田を代表する手打ちそばの名店

石臼で自家製粉した本格手打ちそばを味わえる。横長の独特なせいろで提供されるおせいろ980円（写真）は風味豊かで、細めながらしっかりとしたコシがあると評判。もちもちとした食感のそば豆腐580円や、甘味のあらい580円なども人気。**DATA**☎0558-23-1133 🏠下田市敷根4-21 ⏰11〜14時LO 休水曜 🚌伊豆急行伊豆急下田駅から徒歩3分 ℗15台 **MAP**折込表・下田A2

🐟 下田海中水族館
しもだかいちゅうすいぞくかん

飛んだり跳ねたり元気な海の動物たち

イルカやアザラシなど海の仲間たちが元気いっぱいのショーを見せてくれる。イルカとふれあえるドルフィンフィーディング1300円はこの水族館の人気イベント。**DATA**☎0558-22-3567 🏠下田市3-22-31 ¥入館2100円 ⏰9時〜16時30分（時期により異なる）休無休（12月に休館あり、要問合せ）🚌伊豆急行伊豆急下田駅から東海バスで7分、バス停下田海中水族館下車、徒歩1分 ℗200台 **MAP**折込表・下田B4

頭上をイルカが飛び越えるシートもある

愛らしいコツメカワウソへの餌やり体験もできる

🍴 いず松陰
いずしょういん

魚の鮮度にこだわりあり

メニューはその日の仕入れにより替わる。キンメダイが丸ごと1尾で提供される、煮魚お食事2200円（写真）や、金目釜飯とお刺身でお食事1760円（冬期限定）など、どれもボリューム満点。全席座敷でゆったりくつろげる。**DATA**☎0558-23-0020 🏠下田市1-22-7 ⏰11〜14時、17〜20時LO 休無休 🚌伊豆急行伊豆急下田駅から徒歩8分 ℗8台 **MAP**折込表・下田B2

☕ こぉひいはうす可否館
こぉひいはうすこーひーかん

幕末に想いをはせる喫茶店

昭和48年（1973）創業の老舗。木目調の温かみのある店内は、梁や棚を飾る膨大な数のコーヒーカップやソーサーも注目。ハリスやペリーも飲んだと伝わる甘味のある薬用酒（保命酒）を入れたコーヒーハリスの夢900円などが人気。**DATA**☎0558-22-8092 🏠下田市1-10-1 ⏰11〜20時 休金曜 🚌伊豆急行伊豆急下田駅から徒歩5分 ℗4台 **MAP**折込表・下田B2

🍴 Cafe&Hamburger Ra-maru
かふぇあんどはんばーがー ら・まる

下田の魚をアメリカンバーガーで

道の駅 開国下田みなと（☞P127）内にあり、ご当地バーガーが楽しめる。イチ押しはカリカリに揚げたキンメダイとカマンベールチーズを合わせた下田バーガー1300円（写真）。ビッグサイズの味も魅力。**DATA**☎0558-27-2510 🏠下田市外ケ岡1-1 ⏰10時〜16時30分LO 休無休 🚌伊豆急行伊豆急下田駅から徒歩10分 ℗213台 **MAP**折込表・下田C2

🏪 御菓子司 ロロ黒船
おんかしし ろろくろふね

下田にちなんだオリジナル和洋菓子

開国の町にまつわる和洋菓子が充実。黒胡麻と竹炭でまっ黒に蒸し上げた黒船饅頭黒8個入り980円やたっぷりの下田のチーズ海160円などネーミングもユニーク。カステラをクッキー生地で包んだ黒船やき1350円（写真）もぜひ。**DATA**☎0558-22-5609 🏠下田市2-2-37 ⏰9〜18時 休月に2回 🚌伊豆急行伊豆急下田駅から徒歩5分 ℗2台 **MAP**折込表・下田A2

🚉 小木曽商店本店
おぎそしょうてんほんてん

地元の人も認める老舗の干物

明治33年（1900）から続く干物一筋の老舗。天然塩だけで丁寧に仕上げる干物は1枚120円〜と幅広い価格帯で用意。そのおいしさから地元の海鮮処「郷土割烹 伊豆の味 おか田」（☞P80）も干物はここから仕入れるほど。**DATA**☎0558-22-0154 🏠下田市2-9-30 ⏰8時30分〜17時（夏期は〜17時30分）🈳無休 🚃伊豆急行伊豆急下田駅から徒歩7分 🅿10台 **MAP**折込表・下田B3

🚉 平井製菓
ひらいせいか

地元で愛される名物あんぱん

創業70年余りの老舗和菓子店。上部がふっくらと大きくなったキノコ型のパンに、自家製餡をたっぷり詰めた下田あんぱん1個238円（写真左・中央）が名物。そのほか、ソフトバター入りのハリスさんの牛乳あんぱん1個259円（写真右）も人気。**DATA**☎0558-22-1345 🏠下田市2-11-7 ⏰9〜18時 🈳火曜、ほか水曜不定休 🚃伊豆急行伊豆急下田駅から徒歩9分 🅿なし **MAP**折込表・下田A3

🚉 土藤商店
つちとうしょうてん

ペリーゆかりの酒を使ったアイス

約130年の歴史をもつ酒店。ペリー提督一行をもてなしたといわれる広島県福山市名産の保命酒をオリジナルラベルで扱った保命酒アイスキャンディ200円は、ペリーロード散策時の食べ歩きスイーツとして人気。**DATA**☎0558-22-0021 🏠下田市3-6-30 ⏰9〜20時（併設の蔵ギャラリーは〜18時）🈳不定休 🚃伊豆急行伊豆急下田駅から徒歩10分 🅿2台 **MAP**折込表・下田B3

🎁 山田鰹節店
やまだかつおぶしてん

今では貴重な鰹節の専門店

削り節の香りが立ち込める店内には、使い込まれた削り節機が。削り立てのカツオ、サバ、ムロのほか、要予約の宗田節などをグラム単位で購入できる。さば・むろ混合削節100g380円、鰹厚削り・薄削り各100g480円、煮干120g480円。**DATA**☎0558-22-0058 🏠下田市2-2-15 ⏰8時30分〜19時30分 🈳水曜（8・12月は不定休）🚃伊豆急行伊豆急下田駅から徒歩8分 🅿3台 **MAP**折込表・下田A2

🎁 ひもの 万宝
ひもの まんぽう

自然本来の味わいを店内でも

創業40年以上の干物店。確かな目で仕入れた海鮮を使い、丁寧に手作りする干物は、みやげはもちろん、店内で食べることもできる。江戸前えぼだい一夜干し3500円〜（写真）など種類豊富。**DATA**☎0558-22-8048 🏠下田市柿崎外浦海岸707-13 ⏰9時30分〜17時（イートインは要予約）🈳水・木曜 🚃伊豆急行伊豆急下田駅から東海バスで7分、バス停外浦口下車、徒歩5分 🅿5台 **MAP**P141E3

♨ 千人風呂 金谷旅館
せんにんぶろ かなやりょかん

国内屈指の広さを誇る総檜風呂

江戸時代から続く老舗宿で、千人風呂（混浴。バスタオル使用可）は大正4年（1915）に建造。女湯、露天風呂ともに立ち寄り利用も可能。総檜の浴槽は、弱アルカリ性の自家源泉がかけ流し。**DATA**☎0558-22-0325 🏠下田市河内114-2 💰入浴1000円（2時間。季節により変動あり）⏰9〜21時最終受付（平日午前中に清掃等休止あり）🈳無休 🚃伊豆急行蓮台寺駅から徒歩4分 🅿40台 **MAP**P141D3

🍵 フルーツたっぷりのスイーツを味わえるカフェ

温暖な南伊豆エリアでは、フルーツを使ったスイーツが自慢のカフェを訪ねてみて。

Pâtisserie Que sera sera
ぱていすりー け せら せら

下田で人気の洋菓子店

南伊豆出身のオーナーが、素材を厳選して作る洋菓子が並ぶ。イートインスペースも備える。**DATA**☎0558-25-6720 🏠下田市敷根3-40 ⏰10時〜18時30分 🈳火曜、ほか不定休あり 🚃伊豆急行伊豆急下田駅から徒歩4分 🅿6台 **MAP**折込表・下田A1

FONTAINE
ふぉんてーぬ

素材にこだわるカフェレストラン

旬のフルーツを使ったケーキや焼菓子、パンなどが並ぶ洋菓子店。ランチも人気。**DATA**☎0558-25-5800 🏠下田市吉佐美1469-1 ⏰10時〜18時30分（カフェは〜16時LO、ランチは11〜14時LO）🈳無休 🚃伊豆急行伊豆急下田駅から車で10分 🅿20台 **MAP**P141D3

和洋スイーツカフェ 扇屋製菓
わようすいーつかふぇ おうぎやせいか

名物はユニークなメロン最中

看板商品のメロン最中は1個140円。カフェスペースも併設。**DATA**☎0558-62-0061 🏠南伊豆町下賀茂168-1 ⏰9〜17時 🈳水曜（変動あり）🚃伊豆急行伊豆急下田駅から東海バスで23分、バス停日詰下車、徒歩3分 🅿5台 **MAP**P140C3

📖 海水浴で人気の下田と南伊豆。特に白浜大浜海水浴場（☞折込裏 **MAP**P141E3）のコバルトブルーの美しさは圧巻です。

これしよう!

中伊豆の地元
グルメはいかが

ワサビや黒米など、中伊豆
の山の幸をふんだんに使っ
た料理を堪能。☞P94

これしよう!

名瀑と名作の舞台
天城峠をドライブ

『伊豆の踊子』の舞台にな
った天城峠には、ゆかりの
スポットが点在。☞P96

修善寺「也万波」の
花わさびどんぶり

これしよう!

修善寺の風情に
ふれる散策を

風情ある伊豆の小京都。
竹林の小径の散策を楽し
んで。☞P92

歴史と文学の香り漂う山あいの町

修善寺・中伊豆

しゅぜんじ・なかいず

こんなところ

伊豆半島中央部の山間を縦断する国道414
号周辺が中伊豆エリア。和の情緒たっぷり
の修善寺や、『伊豆の踊子』の舞台となった
旧天城街道、文人や著名人に愛された温泉
宿など、歴史と文学の香り漂うみどころが
充実している。伊豆箱根鉄道の終点、修善
寺を拠点にするのが便利。

access

●電車・バス	●車
韮山駅	韮山
伊豆箱根鉄道3分	国道136号約2km
伊豆長岡駅	伊豆長岡
伊豆箱根鉄道14分	修善寺道路・国道136号約8km
修善寺駅	修善寺
バス25分	国道136・414号約10km
湯ヶ島	湯ヶ島
バス18分	国道414号約6km
天城峠	天城峠
バス20分	国道414号約11km
河津七滝	河津七滝

※修善寺・中伊豆までの交通はP128
～の交通ガイドを参照

問合せ ☎0558-72-2501
伊豆市観光協会修善寺支部
問合せ ☎0558-85-1056
伊豆市観光協会天城支部
問合せ ☎055-948-0304
伊豆の国市観光協会
広域MAP P136C4、P138C1～
139D4、P141D1

～修善寺・中伊豆　はやわかりＭＡＰ～

静寂に包まれた
石畳と竹林の小径
桂川の清流に架かる
朱色の橋を渡り、竹
林を散策（☞P92）

大瀬海水浴場
大瀬崎
① 伊豆長岡温泉
伊豆長岡
伊豆箱根鉄道
・史跡　伊豆の国市
内浦湾
葛城山
修善寺道路
田京
大仁　韮山反射炉
真城山
沼津市
修善寺
虹の郷
牧之郷
修善寺
金冠山
② 修善寺温泉
修善寺IC
道の駅　達磨山 982
くるら戸田
ラフォーレ♪
修善寺&CC
竹林の小径
西伊豆スカイライン
中伊豆
ワイナリー
シャトーT.S
大平IC
↓修善寺CC
熱海へ
亀石峠IC
宇佐美
伊東線
伊豆スカイライン
伊東
冷川峠
冷川IC
松川湖
伊東市
土肥峠
月ヶ瀬IC
伊豆市
吉奈温泉
嵯峨沢温泉
船原温泉
天城高原IC
丸野山
580▲
大室山
③ 湯ヶ島温泉
59
恋人岬・
宇久須港
黄金崎・
駿河湾
浄蓮の滝
道の駅 天城越え
八丁池
遠笠山
天城山
1406▲
万三郎岳
万二郎岳
矢筈山
西伊豆町
旧天城トンネル
猿山
東伊豆町
伊豆大川
伊豆北川
伊豆熱川
996▲
長九郎山
道の駅 花の三聖苑
伊豆松崎
④ 七滝温泉
④ 大滝温泉
河津七滝
片瀬白田
大沢温泉
414
今井浜海岸
14
松崎町
下田市
15
河津
稲梓
蛇石峠
蓮台寺
135
下田へ
下田へ

観光のヒント
中伊豆は鉄道とバス
修善寺温泉は徒歩で
観光名所が集まる修善寺周辺は、
歩いて巡ることができる。修善寺
を拠点に、鉄道・バスで伊豆長岡
方面へ。天城は車利用が便利。

遊歩道に沿って
大小7つの滝が点在
「踊り子と私」の像が
立つ初景滝では記念
撮影を（☞P96）

0　　5km
N

修善寺・中伊豆

━━ 修善寺・中伊豆エリアの温泉 ━━

いずながおかおんせん
1 伊豆長岡温泉
1300年以上の歴史をもつ
古奈温泉と、明治時代に開
湯した長岡温泉を合わせて
「伊豆長岡温泉」とよぶ。

しゅぜんじおんせん
2 修善寺温泉
平安時代、弘法大師によっ
て開湯したと伝わる伊豆半
島最古の温泉。温泉街には
観光名所が多数ある。

ゆがしまおんせん
3 湯ヶ島温泉
伊豆半島のほぼ中央に位
置する天城山中にある。川
端康成が『伊豆の踊子』を
執筆したことで有名。

おおだる・ななだるおんせん
4 大滝・七滝温泉
河津七滝周辺に湧出する温
泉。ダイナミックな大滝を眺
めながら入る露天風呂がある
（2023年1月現在休止中）。

ゆるやかな時間が流れる
伊豆の小京都・修善寺を歩く

開湯から1200年以上の歴史がある修善寺。桂川が流れる温泉街は和の情緒たっぷり。
独鈷の湯、竹林の小径…。ゆっくりと時間を忘れて、伊豆の小京都を歩いてみよう。

修善寺って こんなところ

桂川沿いの風情ある温泉地

修善寺温泉エリアは、修善寺駅から
バスで約8分。徒歩で約2時間ほどで
散策できる温泉街は、平安初期に弘
法大師が開湯したと伝えられている。
道幅が狭く、駐車場も多くないので、
駅からバスで訪れるのがおすすめ。

問合せ ☎0558-72-2501（伊豆市観光協
会修善寺支部）アクセス 伊豆箱根鉄道修善
寺駅から東海・伊豆箱根バスで8分。バス停修
善寺温泉・温泉場下車 広域MAP P138C1

まずはお参り

ぐるっと回って約2時間 おすすめコース

スタート&ゴール
バス停修善寺温泉

徒歩4分　　　徒歩5分

❺筥湯　　　❶修禅寺

徒歩1分　　　徒歩1分

❹一石庵　　　❷独鈷の湯

徒歩3分　　　徒歩2分

❸竹林の小径

Ａ修禅寺の本堂は明治時代に再建された Ｂ竹林の小径の近くには桂橋、楓橋という2つの朱色の橋がある Ｃ桂川に沿って石畳の散策道が約300m続く竹林の小径 Ｄ桂川にある独鈷の湯。このあたりが修善寺を代表する風景 Ｅライトアップされた竹林はムードたっぷり

❶ 修禅寺 Ａ Ｆ

地名にもなっている寺院

修善寺という地名の由来となった寺。弘
法大師が開基したと伝わり、源氏一族悲
劇の舞台となった場所だ。併設の宝物
殿には源氏ゆかりの品を展示。

☎0558-72-2501（伊豆市観光協会修善寺
支部）住伊豆市修善寺964 時境内自由（宝
物殿は入館300円）時8時30分～16時30分
（10～3月は～16時）休無休 交バス停修善寺温泉から徒歩5分
Ｐなし MAP折込表・修善寺B1

❷ 独鈷の湯 Ｄ

修善寺温泉発祥の地

温泉街を流れる桂川の河原で、修善寺
温泉発祥の地を見学できる。弘法大師
が独鈷（下の写真）で岩を砕き温泉を湧
出させたという伝説がある。

☎0558-72-2501（伊豆市観
光協会修善寺支部）住伊豆市
修善寺 料休見学自由 交バ
ス停修善寺温泉から徒歩5分
Ｐなし MAP折込表・修善寺
B2

❸ 竹林の小径 Ｂ Ｃ Ｅ

風情ある石畳の散策道

「伊豆の小京都」を象徴する風情ある散
歩道。道の脇には空を覆うように竹が生
い茂り、中間地点には竹製の円形ベンチ
がある。ゆっくり散策を楽しもう。

☎0558-72-2501（伊豆市観光協会修善寺
支部）住伊豆市修善寺
料時休散策自由 交バス
停修善寺温泉から徒歩
7分 Ｐなし MAP折込
表・修善寺B2

竹林の小径の途中にある無料のギャラリー

竹林の小径の中間あたりには無料の「ギャラリーしゅぜんじ回廊」がある。回廊式の会場で定期的に写真展などを開催している。☎0558-72-2501（伊豆市観光協会修善寺支部）**MAP**折込表・修善寺B2

甘味処でひと休み

幻想的な雰囲気に

修善寺・中伊豆 ● 伊豆の小京都・修善寺を歩く

F 修禅寺の鐘楼堂のそばにも竹林がある G 一石庵のクリーム白玉あずき700円。北海道産大納言の煮あずきとアイスクリームは相性抜群 H 一石庵には手湯や足湯もある I 筥湯に併設する仰空楼は温泉街を見渡せる展望台 J 檜の香りがいい筥湯の湯船。タオル100円

❹ 一石庵 （いっせきあん） G H

修善寺名物の甘味で小休止

虎渓橋のたもとにある和カフェ。各種甘味が揃い、散策途中のひと休みに最適だ。季節の菓子付の抹茶700円（下の写真）や黒米餅500円が人気。☎0558-72-2063 （住）伊豆市修善寺950-1 ⏰10時～16時30分（休）火曜不定休 （交）バス停修善寺温泉から徒歩3分 （P）なし **MAP**折込表・修善寺B2

❺ 筥湯 （はこゆ） I J

温泉街の外湯が復活

かつて7つあった外湯は、昭和20年代に独鈷の湯のみに。2000年に外湯として復活した筥湯には、檜造りの湯船がある。昔ながらの温泉風情を味わってみよう。☎0558-72-5282 （住）伊豆市修善寺925 （¥）入浴350円 ⏰12時～20時30分（休）無休 （交）バス停修善寺温泉から徒歩4分 （P）なし **MAP**折込表・修善寺B2

街ナビ ゆるり（**MAP**折込表・修善寺C1）で浴衣や着物をレンタルして修善寺さんぽを楽しみませんか。

ワサビ、そば、黒米、ズガニ…
山あいで滋味あふれるランチを

中伊豆の山の幸をふんだんに使った、味わい深い和のごはんを堪能。
ワサビや黒米など、滋味に富んだ逸品を召し上がれ。

也万波の
花わさびの
白あえ

みやげに

オレンジピールが香るロックケーキ5個入り500円

花わさびどんぶり 2000円(昼)
花ワサビのお寿司に、削りたての鰹節、寿司海苔、生ワサビがのっている丼。季節の副菜が3～4品付く

ワサビ料理
やまんば
也万波

何度でも食べたくなる手作り家庭料理

修善寺駅の近くにある食事処。手作りの家庭料理は味わい深く、どこか懐かしさを感じる、おふくろの味だ。天城のワサビを使っている花わさびどんぶりは、辛味と香りのバランスがおいしさを引き立てる。季節ごとに内容が替わる副菜も絶品ぞろい。

☎0558-72-0711 住伊豆市柏久保544-27 🕐11時30分～13時30分、17時～20時30分LO(要問合せ) 休不定休 交伊豆箱根鉄道修善寺駅から徒歩3分 P30台(駅前駐車場利用) MAPP138C1

こぢんまりとした店なので、事前に電話で席の確認をしよう

持ち帰り

禅寺そばには、ワサビ持ち帰り用の袋付き

禅寺そば 1320円
秘伝のそばつゆと薬味で食べるセイロと、とろろそばの2種類を用意。ワサビは自分で擦りおろしてお好みで

そば
ぜんぷうていなばん
禅風亭な番

葉付きのワサビが1本付いてくる名物そば

桂川沿いにある元祖禅寺そばの店。禅寺そばは、厳しい禅修行のあとに僧侶たちが食べた食事にちなんで作られたもので、葉付きのワサビが1本まるごと付いてくるのがこの店の自慢。自分でおろした擦りたてを。囲炉裏や雛飾りなどがある民芸調の店内で味わう由緒正しきそばは別格だ。

☎0558-72-0007 住伊豆市修善寺761-1-3 🕐10時～15時30分LO 休木曜 交バス停修善寺温泉から徒歩1分 P14台 MAP折込表・修善寺C1

三角屋根が目印。店頭にあるししおどしの音が響く

地アジがのる贅沢弁当も見逃せない

旅のお供に人気の、修善寺駅構内にある「舞寿し」の武士のあじ寿司1350円（写真）。近海のアジ、伊豆産のコシヒカリ松崎（☞P108）の桜葉、天城のワサビと、伊豆の味覚が揃う。
☎0558-72-2416 MAP P138C1

お釜とうふ800円は塩で味わってみて

もう一品
花車弁当
1580円
カレイの西京焼きなどのおかずに小鉢4品やデザート付き。黒米や餅米を使ったモチモチのご飯はおかわり自由。数量限定

もう一品

修善寺産原木しいたけてんぷら800円

もう一品
修善寺湯葉蕎麦
1350円
修善寺産の湯葉豆腐を絡めて味わう名物そば。やわらかい湯葉とコシのあるそばは相性抜群だ。前菜、小鉢付き

山独活酢の物600円は12～5月限定

もう一品

ズガニうどん
1100円
狩野川でとれたズガニの甲羅と足が入ったうどん。仕掛けでとるズガニは1年中食べられるが、9～12月が旬とされる

黒米料理
めしやみづ
めし屋みづ

数量限定の弁当はお早めに

県道18号沿いにある女性に人気の和風食事処。修善寺名物の黒米を使ったご飯に、地元の野菜をふんだんに使ったヘルシーな副菜が付く花車弁当は数量限定。すみずみまで気持ちが行き届いた、上品な味わいを楽しめる。

☎0558-72-0546
住伊豆市修善寺765
時11～14時LO、17時
～19時30分LO（夜は要予約）休火曜 交バ
ス停修善寺温泉から徒歩2分 P8台 MAP
折込表・修善寺C1

座敷席とテーブル席がある落ち着いた店内

そば
やまびこ
やまびこ

手打ちそばと中伊豆の旬の味覚を

厳選素材を使って仕上げたこだわりの手打ちそばが名物。このほか、自家栽培の有機野菜や天然の山菜、自然薯など、中伊豆の旬の味覚を堪能でき、なかでも地元の名人が育てる原木シイタケを使った天ぷらは絶品だ。

☎0558-72-7575
住伊豆市修善寺3726-
1 時11時～16時30分
LO 休金曜 交伊豆箱根鉄道修善寺駅から東
海バスで15分、もみじ林前下車、徒歩3分 P25
台 MAP P138C1

小高い丘の上にある山小屋風の建物

ズガニ料理
やすべえ
安兵衛

中伊豆の川の幸と山の幸を

狩野川でとれるズガニのほか、アユやイワナなど季節の川魚が店内の水槽を泳ぎ旬の味を楽しめる。ランチで人気のズガニうどんはダシの旨みたっぷりで、心も体もあたたまる一品。うな重2750円もおすすめ。

☎0558-72-0917
住伊豆市修善寺86
8-1 時10時～13時
30分、17時30分～
22時 休水曜 交バス
停修善寺温泉から徒
歩5分 P8台 MAP
折込表・修善寺C1

桂川のほとりにある季節料理を提供する

自然の恵みでパワーチャージ
天城・河津七滝をドライブ

『伊豆の踊子』や『天城越え』など、小説や歌の舞台となっている旧天城街道。
風情ある名所や自然の豊かさを感じられる滝などを訪ねるドライブに出発。

おすすめルート

所要 約6時間

START 東名高速沼津IC

↓ 車で1時間40分

1 伊豆の踊子の宿 福田家

↓ 徒歩すぐ

2 伊豆の踊子文学碑

↓ 車で10分

3 河津七滝

↓ 徒歩すぐ

4 七滝茶屋

↓ 車で20分

5 旧天城トンネル

↓ 車で15分

6 浄蓮の滝

↓ 車で1時間10分

GOAL 東名高速沼津IC

1 いずのおどりこのやど ふくだや
伊豆の踊子の宿 福田家
名作を生んだ老舗の宿

川端康成が宿泊し『伊豆の踊子』で主人公が泊まる宿として登場する老舗宿。自筆の書や愛用の品を展示する資料館は、宿泊者以外も見学できる。

☎0558-35-7201 住河津町湯ヶ野236 ¥入館200円 ⊙10〜17時(土・日曜、祝日は〜16時) 休不定休 交バス停湯ヶ野から徒歩5分 P7台 MAP P141D1

1川端康成が宿泊した部屋も見学可能 2宿の前には木の橋があり情緒たっぷりの風景が広がる

▲石碑には小説の一節が刻まれている ▶福田家の入口には伊豆の踊子像が立つ

2 いずのおどりこぶんがくひ
伊豆の踊子文学碑
石に刻まれた一節で名作が蘇る

福田家のすぐ隣には『伊豆の踊子』の文学碑がある。小説では、主人公と踊子の旅芸人一座が宿泊した場所。

☎0558-32-0290(河津町観光協会) 住河津町湯ヶ野 ¥見学自由 交バス停湯ヶ野から徒歩5分 Pなし MAP P141D1

▲初景滝には「踊り子と私」の像が設置されている

▲釜の底のような釜滝 ▼流水がエビのように見えるエビ滝

▲カニの甲羅のような岩があるカニ滝

3 かわづななだる
河津七滝
遊歩道周辺で見られる7つの滝

全長約1.8kmある遊歩道周辺では、初景滝や釜滝など大小7つの滝が見られる。車は進入禁止なので、町営の無料駐車場に停めよう。歩いて巡るので履き慣れた靴で訪れよう。

☎0558-32-0290(河津町観光協会) 住河津町梨本 ¥⊙休見学自由 交バス停河津七滝からすぐ P町営駐車場70台 MAP P141D1

宗太郎園地
宗太郎杉並木
蛇滝
エビ滝
釜滝
登尾トンネル
初景滝
3 河津七滝
カニ滝
水垂
初景橋
出合滝
大滝
4 七滝茶屋
河津七滝大滝入口
椎の木上
河津七滝ループ橋
河津七滝ループ橋
本梨本
小渡戸橋
大鍋橋
川合野
小鍋神社
梨本
慈眼院前
2 伊豆の踊子文学碑
西湯ヶ野
1 伊豆の踊子の宿 福田家
湯本楼
湯ヶ野
河津駅へ

🚗4 七滝茶屋
（ななだるぢゃや）

ひと休みしてスイーツを

河津七滝の一つ、大滝の近くにある茶屋。完熟イチゴを使ったスイーツが一番の自慢。猪鍋定食2000円など食事（11時～15時30分）もできる。

☎0558-36-8070 🏠河津町梨本363-4 🕙10時～16時30分 休不定休 🚌バス停大滝入口から徒歩1分 🅿20台 MAP P141D1

1人気のイチゴ三昧1350円は、クラッシュ・ド・ストロベリーと生ジュース、ゼリーの3種イチゴスイーツを楽しめる 2テーブル席や座敷など全32席ある

💬スイーツ食べて天城越え

1明治期を代表する石造りのトンネルは全長445m。全国屈指の規模 2「冷たいしずくがぽたぽたと落ちていた」という小説の描写を実体験

6 浄蓮の滝
本谷川
修善寺へ
天城大橋
天城峠
水生地下踊り橋
新天城トンネル
川端康成文学碑
（駐車場・トイレ）
二階滝園地
二階滝
平滑の滝
釜滝
蛇滝
水生地
旧天城トンネル 5
旧天城街道
寒天橋
寒天橋へ
八丁池へ

🚗5 旧天城トンネル
（きゅうあまぎとんねる）

2人が出会ったトンネルを抜けて

川端康成の『伊豆の踊子』の舞台。明治38年（1905）に開通した国の重要文化財。車でも徒歩でも通行できる。

☎0558-85-1056（伊豆市観光協会天城支部）🏠伊豆市湯ヶ島 🕙🚌休見学自由 🚌バス停水生地下から徒歩35分 🅿15台 MAP P138C4
※道路状況により車両通行止めになる場合あり

💬伊豆の滝はすごいね

6 浄蓮の滝
（じょうれんのたき）

大迫力の美しき名瀑

旧天城トンネルから北へ約5km行った場所にある、伊豆エリア最大級の滝。「日本の滝百選」に選ばれるほどの名瀑で、落差25m・幅7m、滝壺の深さは15mあり、轟音を響かせて流れ落ちる様子は迫力満点だ。駐車場に展望デッキが設置されている。

☎0558-85-1056（伊豆市観光協会天城支部）🏠伊豆市湯ヶ島 🕙🚌休見学自由 🚌バス停浄蓮の滝から徒歩7分 🅿100台 MAP P138C3

▲浄蓮の滝駐車場にある伊豆の踊子像
◀約200段の階段を下りると滝壺を間近に見ることができる

旧天城トンネルと浄蓮の滝の間には、川端康成文学碑や伊豆近代文学博物館があります。文学好きなら立ち寄ってみましょう。

やさしい味わいにホッとする
中伊豆にある癒やされカフェ

山と緑に恵まれた中伊豆には、ホッとひと息つけるカフェが点在。
心とカラダにやさしいメニューとともにスローな時間を。

サラダ
ビュッフェランチは
1500円

惣菜パンからハード系まで多彩なパンが揃う

函南
たまごせんもんてん たまごやべーかりーかふぇ

たまご専門店 TAMAGOYA
ベーカリーカフェ

焼きたてパンやスイーツが
味わえる絶景カフェ

景色のいい場所にあるベーカリーカフェ。モーニングからランチ、ティータイムまで時間帯ごとに異なるメニューを味わえる。ベーカリーも充実しており、職人が焼き上げたパンが種類豊富に並ぶ。
☎055-974-4422 ⓗ函南町畑374-63 ⓣ9〜17時 ⓗ無休 ⓧJR函南駅から車で15分 Ⓟ25台 MAP P137D3

1見晴らしのよい場所に立つ **2**サラダビュッフェランチには+500円でチキンローストが付く **3**巣ごもりパンケーキカスタード900円

吉奈
ちゃき ちゃき

CHAKI CHAKI

川のせせらぎを聴きながら
ほっこりお茶タイム

天城の自然豊かな場所にある、抹茶やコーヒーと甘味を味わえる和カフェ。季節感のある手作りの和菓子と抹茶のセット900円などを、渓流沿いに設けられたテラス席で楽しむことができる。
☎0558-85-0888 ⓗ伊豆市吉奈5-1 ⓣ11時〜15時30分 ⓗ日〜火曜 ⓧ伊豆箱根鉄道修善寺駅から車で15分 Ⓟ20台 MAP P138C2

森の中のテラス席は
川のせせらぎが
BGMに

1吉奈川のほとりにあるテラスで心身をリフレッシュ **2**本日の菓子とお抹茶900円

工場併設の
直売店で
あのお菓子を買おう

「東京ラスク伊豆ファクトリー」では、定番から伊豆限定品まで、さまざまなラスクを製造・販売している。製造工程も見学できるので、工場見学とショッピングを楽しもう。
☎0558-85-0232 MAP P138C2

湯ヶ島
ぴきにき
pikiniki

ピクニック気分を楽しめるカフェ

ニュージーランドで修業した店主が、オセアニアスタイルのスペシャリティコーヒーと、こだわりのサンドイッチを提供している。店の外に広がる芝生の広場で味わうこともできる。

☎0558-79-3532 🏠伊豆市湯ヶ島2860-2 🕙11〜16時 休水・木曜 🚌バス停岩尾からすぐ 🅿14台 MAP P138C3

サンドイッチは
7種類からで
1130円〜

1 オークランド発のロースタリーの豆を使ったコーヒー530円〜 2 ウッディな雰囲気の店内

自家製果汁ソースで味わう
ふわふわかき氷
各800円〜
（通年提供）

1 大きな窓から景色を眺めながらゆったり過ごせる 2 銘菓・黒玉は120g350円〜

門野原
くろだまてらすあんどどっぐ
黒玉テラス&Dog

老舗飴菓子店に併設する

明治15年（1882）に創業し、素朴な味わいの銘菓「黒玉」で知られる老舗が営むレストランカフェ。田園風景を眺めながら、ランチやデザートを楽しめる。愛犬連れOKで、犬用メニューも用意している。

☎0558-85-2525 🏠伊豆市門野原134-1 🕙10〜17時 休火・水曜（祝日の場合は営業） 🚌バス停吉奈温泉から徒歩15分 🅿10台 MAP P138C2

修善寺
ちゃあんふよう
茶庵芙蓉

古民家カフェで甘味や抹茶を

修善寺温泉街の中心から少し離れた場所にある、築100年を超える古民家を利用したカフェ。美しい庭を眺めながら、季節の和菓子を楽しめる。茶室で本格的な抹茶930円（季節の上生菓子付き）も味わえる。

☎0558-72-0135 🏠伊豆市修善寺1082 🕙10〜16時 休不定休 🚌バス停修善寺温泉から徒歩15分 🅿なし MAP 折込表・修善寺A1

甘さ控えめの
抹茶白玉あずき
860円
（煎茶と昆布付き）

1 自家製梅ジュース510円。ホットもある 2 靴を脱いで利用するスタイル。古民家の温もりを実感

※価格変更の予定あり

情緒あふれる和のリゾートで森林浴
東府やResort&Spa-Izu

歴史ある温泉地が多い伊豆のなかでも、最古の温泉といわれる吉奈温泉。
木々に囲まれた川沿いの「和のリゾート」でのんびりくつろぎタイムを。

▲天井が高く開放感あふれるロビーエントランス

とうふやりぞーとあんどすぱ-いず
東府やResort&Spa-Izu

吉奈川沿いの一大温泉リゾート

奈良時代に開湯したと伝わる吉奈温泉にある宿。吉奈川沿いの広大な敷地に、宿泊棟やスパ、食事処などが点在する。日帰りで利用できるカフェやベーカリーのほか、温泉入浴付きの日帰りプランも用意。緑に包まれ、ゆったりとした時間を過ごせる。

▲川沿いの和洋室など、さまざまなタイプの客室が揃う

▼「懐石茶や 水音」の懐石料理の夕食の一例

☎0558-85-1000 ⓐ伊豆市吉奈98 Ⓨ1泊2食付き平日2万9500円～、休前日3万6500円～ ⓘIN15時／OUT11時 ⓗ無休 ⓔ伊豆箱根鉄道修善寺駅から車で20分 Ⓟ154台 ⓂP138C2

日帰り入浴＆ランチプランをCHECK！

[東府や工房カフェテラス＆mahora Spaプラン]
1万8330円

ピザ・ドリンクのランチに、温泉入浴と「まほらスパ」のトリートメント45分がセット。

[まほらな休日プラン]
1万9950円

「Bakery&Table 東府や」のランチ、温泉入浴、「まほらスパ」のトリートメント60分がセットに。

[まほら1day trip]
2万4680円

温泉入浴、「まほらスパ」のトリートメント75分に、ホームケアギフトが付く本格スパプラン。

べーかりー あんど てーぶる とうふや「あしゆかふぇ」
Bakery & Table 東府や「足湯カフェ」
足湯を併設したベーカリーカフェ

こだわり食材で作る焼きたてパンやサンドイッチ、スイーツなどを販売。購入したパンやドリンクは、足湯のあるテラスで楽しめるので、景色を眺めながらひと休みしよう。

🕙10〜17時（日曜、祝日は9時30分〜）休無休

▶足湯テラスから美しい景色を満喫できる

▶伊豆最古といわれる吉奈温泉を足湯で楽しめる
▼やわらかビーフシチューセット2180円。ドリンク付き

◀オリジナルスムージー各490円。右からMIXベリー、マンゴー、濃厚抹茶

▼大きなガラス窓が開放的なカフェテラス。テラス席はペット同伴もOK

べーかりー あんど てーぶる とうふや「とうふやこうぼうかふぇてらす」
Bakery & Table 東府や「東府や工房カフェテラス」
豆乳工房を併設したベーカリー

豆乳工房を併設しており、古式低温搾りで作る濃厚な味わいの自家製豆乳を使った食パンやスイーツを販売。クリスピーピッツァ1580円〜（ドリンク付き）やスパゲッティのランチセットも人気が高い。竹林を望むテラス席で味わうことも可能だ。

🕙10〜17時（日曜、祝日は9時30分〜）休火・水曜（年末年始、祝日は営業）

◀ランチセットのクリスピーピッツァとスパゲッティ

修善寺・中伊豆●東府やResort&Spa・Izu

📖 行基上人により発見された歴史ある吉奈温泉。各客室の風呂のほか、露天風呂、貸切風呂、内風呂でも楽しめます。

古きよき湯処の面影を残しつつ
今も進化を続ける名旅館

修善寺や湯ヶ島など、中伊豆には伊豆を代表する古くからの温泉が点在。
老舗旅館からデザイナーズ旅館まで、上質なサービスを提供する宿が揃う。

湯ヶ島温泉

みずのみちかぜのみち
ゆがしま たつた

水のみち風のみち
湯ヶ島 たつた

天城の清流に囲まれた
新旧を織り交ぜた癒やしの空間

伊豆エリアで唯一の川床がある宿。
天城の大自然を感じられる風呂や、宿
泊者以外も使用可能なアウトドアカフ
ェなどが揃う。伊豆の海の幸と山の幸
を堪能できる食事は、川床でどうぞ
いただこう（子どもの利用制限あり）。

☎0558-85-0511 🏠伊豆市湯ヶ島347
🚃伊豆箱根鉄道修善寺駅から車で20分
送迎なし Ｐ30台 🛏全24室(和24)
●1988年創業 MAP P138C3
♨風呂:内湯2 露天2 貸切4

🅵伊豆の山の恵み満載の夕食
でこの土地ならではの料理を楽
しもう。内容は季節により変更あり
🅶くつろげる新館の客室

目の前を流れる狩野川を眺
めながら優雅なひと時を過
ごせる。夏は夕涼み、冬はコ
タツに入りながら川床で夕
食を。

÷1泊2食付き料金÷
平日1万8900円～
休前日1万8900円～
÷時間÷
IN15時 OUT10時

▲貸切露天風呂のかぐやの湯。湯船の近くに湯涼みチェアもある

🅵広々とした大露天風
呂の世古の湯。天城の
大自然を全身で感じな
がら湯浴みを 🅶客室・
山の蔵（2階）と木の蔵
（3階）にある専用露天
風呂にも自家源泉を引
いている

÷1泊2食付き料金÷
平日3万1900円～
休前日3万8500円～
÷時間÷
IN14時30分
OUT10時30分

3階の客室・木の蔵は、ツイン
ベッドを設置した和洋室。部
屋に付いている露天風呂は、
窓を閉めると内湯にもなる。
テラスから望む景観も抜群。

湯ヶ島温泉

たにがわのゆ あせびの

谷川の湯 あせび野

伊豆の自然を満喫できる
全室露天風呂付きの宿

谷川のせせらぎを聞きながら、喧騒を
忘れてゆっくりできる、奥天城の隠れ家
宿。4種類ある客室は全室露天風呂付
き。自家源泉かけ流しの湯を堪能でき
る露天の大浴場や貸切風呂もある。食
事はダイニングで懐石料理を提供。

☎0558-85-1926 🏠伊豆市湯ヶ島1931-1
🚃バス停湯ヶ島から車で5分 送迎あり(バス
停から要連絡) Ｐ20台 🛏全18室(和7、和洋
11)●2002年創業 MAP P138C3
♨風呂:露天2 貸切4

🅷源泉かけ流し 🅸部屋食 🅺エステあり 🅻禁煙ルームあり 🅼大浴場あり 🅹ひとり宿泊OK

あらいりょかん

新井旅館

国登録有形
文化財の宿

文化財の客室に泊まって
温泉街をのんびり散策

修善寺温泉街の中心に位置しているので散策に最適。明治5年（1872）創業の歴史ある宿は、客室や大浴場など15棟の建物が国の有形文化財に登録されている。棟ごとに雰囲気が異なるので、何度も訪れたくなる宿だ。地元の食材を使った会席料理も評判。

☎0558-72-2007 住伊豆市修善寺970 交バス停修善寺温泉から徒歩3分 P送迎なし 30台 全31室（和31）●1872年創業 MAP折込表・修善寺B2 風呂:内湯2 露天1 貸切2

÷1泊2食付き料金÷
平日2万2150円～
休前日2万7100円～
÷時間÷
IN15時 OUT11時

3年の歳月をかけて建築された天平大浴堂。高い天井とヒノキの丸柱で組まれた浴室には、静謐な雰囲気が漂う。

1昔ながらの趣が残る玄関。日帰りの昼食や夕食プランもあるので利用してみて 2清流・桂川越しに竹林を眺める花の棟。秋にはモミジが赤く染まる

▲館内を結ぶ回廊から美しい中庭が見える

÷1泊2食付き料金÷
平日2万9000円～
休前日3万4000円～
÷時間÷
IN15時 OUT11時

夕食は月替わりの会席料理。メインなど数品を当日選べるプリフィクススタイルで提供。

◀庭園露天風呂の朱雀の湯（女湯）。檜風呂と岩風呂の2種類がある

ゆかいろう きくや

湯回廊 菊屋

長い廊下で湯処を結ぶ
レトロモダンな老舗宿

創業から400年以上といわれる長い歴史の中で増築や新築を重ね、和洋の建築が見事に調和。客室や回廊からもレトロモダンな趣が感じられる。長い廊下でつながっている湯処には、庭園露天風呂や貸切風呂などがある。

☎0558-72-2000 住伊豆市修善寺874-1 交バス停修善寺温泉から徒歩1分 P送迎なし 35台 全71室（和16、和洋46、離れ9）●江戸時代中期創業 MAP折込表・修善寺C1 風呂:内湯2 露天2 貸切4

ゆやど さがさわかん

湯宿 嵯峨沢館

嵯峨沢の湯を満喫できる
7つの湯処と21の客室露天

狩野川のそばに位置する、湯処が充実した宿。露天風呂と内湯がそれぞれ2つ、貸切風呂も3つあり、趣の異なる湯処を満喫できる。さらに全23室のうち21室に露天風呂が付いている。すべての客室から川の景色を楽しめるのも魅力だ。

☎0558-85-0115 住伊豆市門野原400-1 交バス停嵯峨沢温泉から徒歩1分 P送迎なし 30台 全23室（和23）●1928年創業 MAP P138C2 風呂:内湯2 露天2 貸切3

÷1泊2食付き料金÷
平日3万5200円～
休前日3万8500円～
÷時間÷
IN14時30分
OUT10時30分

ゴールデンウィークと7～9月には、天然温泉を利用したプール・ブー露がオープン。水着を忘れずに。

1寝覚めの湯は庭園を流れる川のような造りの露天風呂。ほかに、川のせせらぎを楽しめる露天風呂川の湯などもある 2和室とベッドのリビングがある、広々とした露天風呂付和洋室

ココにも行きたい

修善寺・中伊豆のおすすめスポット

ひえじんじゃ
🏛 日枝神社

県指定天然記念物の一位樫も必見

修禅寺（☞P92）の東側にあり、鬼門を封じるために建てられたという神社。社の右側には県の天然記念物に指定されている一位樫の巨木が、左側には子宝の杉とよばれる樹齢800年を超える杉がある。厳かな境内で樹木のパワーを感じよう。**DATA**☎0558-72-2501（伊豆市観光協会修善寺支部）**住**伊豆市修善寺 **料⊙休**見学自由 **交**バス停修善寺温泉から徒歩2分 **P**なし **MAP**折込表・修善寺B1

なかいずわいなりーしゃとーてぃーえす
📷 中伊豆ワイナリー
シャトーT.S

家族連れにも人気のワイナリー

広大なブドウ畑を有するワイナリー。ワインの製造工程を無料で見学できるほか、レストランやショップ、ホテル、乗馬体験ができる施設などを併設している。**DATA**☎0558-83-5111 **住**伊豆市下白岩1433-27 **料**入場無料 **⊙**10～16時（変更する場合あり）**休**不定休 **交**伊豆箱根鉄道修善寺駅から車で10分 **P**60台 **MAP**P139D1

しせき にらやまはんしゃろ
📷 史跡 韮山反射炉

世界遺産になった明治時代の遺構

金属を溶かして大砲を鋳造していた反射炉で、安政4年（1857）に完成し使用したものが、当時のまま現存している。2015年に世界遺産に登録された。無料のガイドツアー（要予約）も実施。**DATA**☎055-949-3450 **住**伊豆の国市中268 **料**観覧500円 **⊙**9～17時（10～2月は～16時30分）**休**第3水曜（8月は無休）**交**伊豆箱根鉄道伊豆長岡駅から車で7分 **P**150台 **MAP**P136C4

べあーど・ぶるわりーがーでん しゅぜんじ
🎵 ベアード・ブルワリー
ガーデン 修善寺

新鮮なクラフトビールが味わえる

20年前に沼津で誕生したベアードビールの醸造所。タップルームで、新鮮なビール200・250mL600円～を味わえる。**DATA**☎0558-73-1225 **⊙**11時～18時30分LO（金・土曜は～19時30分LO、日曜は10時～）**休**無休 **交**伊豆箱根鉄道修善寺駅から東海バスで10分、バス停ラフォーレ修善寺入口下車、徒歩10分 **P**20台 **MAP**P138C1

いずぱのらまぱーく
🎵 伊豆パノラマパーク

富士山を見渡す展望スポット

葛城山の高台にある碧テラスまでロープウェイで約7分、絶景を見ながら空中さんぽが楽しめる。水盤とソファ席やベンチなどがある碧テラスからは、富士山や駿河湾を望める。**DATA**☎055-948-1525 **住**伊豆の国市長岡260-1 **料**入場無料（ロープウェイは往復2500円）**⊙**ロープウェイ上り9～17時（季節により異なる）**休**荒天時 **交**バス停伊豆の国市役所からすぐ **P**200台 **MAP**P136C4

しゅぜんじにじのさと
🎵 修善寺虹の郷

花や庭園を見ながら散策

園内にはイギリスやカナダの街並みを再現したエリアなどがあり、ロムニー鉄道とロムニーバスも走る。四季折々の花が植えられ、季節ごとに美しい景色が広がる。**DATA**☎0558-72-7111 **住**伊豆市修善寺4279-3 **料**入園1220円 **⊙**10～17時（10～3月は時期により変動あり）**休**不定休 **交**伊豆箱根鉄道修善寺駅から東海バス虹の郷行きで約20分、終点下車すぐ **P**1000台（1回300円）**MAP**P138C1

くらやなるさわ
🍴 蔵屋鳴沢

クラフトビールや料理のほか体験も

クラフトビールやお茶の製造直売と、レストランを兼ねた複合施設。レストランの炭火コーナーでは、焼きたての炭火焼き料理と自社醸造の「反射炉ビヤ」を楽しめる。そのほか春と秋には茶摘み体験も楽しむことができ、人気（予約制）。**DATA**☎055-949-1208 **住**伊豆の国市中272-1 **⊙**11時～14時30分LO **休**不定休 **交**伊豆箱根鉄道伊豆長岡駅から車で7分 **P**50台 **MAP**P136C4

いずのさたろう
🍽 伊豆の佐太郎

天城の猪肉を使った古民家の料理店

浄蓮の滝の近くにある、古民家を再現した素朴な造りの料理店。安全でやわらかい猪肉を使った天城丼2090円などが名物だ。猪なべ5500円～（2.5人前。写真）は猪肉本来の軟らかさを引き出す、味噌ベースのダシ汁が決め手。**DATA**☎0558-85-0534 **住**伊豆市湯ヶ島2859-29 **⊙**11～17時 **休**月・木曜 **交**バス停浄蓮の滝からすぐ **P**20台 **MAP**P138C3

とっこそばおおど
🍽 独鈷そば大戸

生ワサビ1本付きのざるそば

古民家風で情緒のある店。新鮮な地元の素材をふんだんに使った、ざるそば1320円（写真）には、生ワサビが1本まるごと付く。ワサビは食べる直前におろすと辛みが少なく、そばの風味を引きたてる。残った分は持ち帰りOK。**DATA**☎0558-72-0247 **住**伊豆市修善寺765-6 **⊙**11～15時（売切れ次第閉店）**休**火曜（祝日の場合は翌日）**交**バス停修善寺温泉からすぐ **P**8台 **MAP**折込表・修善寺C1

饅頭総本山 源楽
まんじゅうそうほんざん げんらく

温泉饅頭や名物の黒胡麻饅頭を

修善寺温泉街の中心、修禅寺や独鈷の湯の近くにあるまんじゅう専門店。修善寺名物の黒胡麻を使い、生地も餡も真っ黒な源楽胡麻饅頭8個入り1190円のほか、源楽胡麻饅頭+よもぎ饅頭+黒糖饅頭12個入り1850円などがある。**DATA**☎0558-73-2224 **住**伊豆市修善寺967 **⊙**9時30分～16時30分（売切れ次第閉店）**休**無休 **交**バス停修善寺温泉から徒歩4分 **P**なし **MAP**折込表・修善寺B2

大黒屋
だいこくや

黒米豆腐や修禅寺ゆばが美味

明治元年（1868）創業のゆば・豆腐専門店の老舗。黒米と豆乳で作る黒米豆腐500円や、黒米めん360円といった黒米グルメが人気が高い。修禅寺ゆば150g800円～や、特製がんもどき1個320円もおすすめ。**DATA**☎0558-72-0200 **住**伊豆市修善寺989 **⊙**9～13時、15～17時（季節により変動あり）**休**日曜 **交**バス停修善寺温泉から徒歩5分 **P**2台 **MAP**折込表・修善寺B2

クラフトギャラリー 三洲園
くらふとぎゃらりー・さんしゅうえん

伊豆在住陶芸作家の和みやげ

伊豆に住んでいる陶芸作家の食器や花器、茶道具など、個性あふれる作品を扱うギャラリーショップ。20名以上の作家たちの食器1600円～などが並ぶ店内は、見ているだけでも楽しい。**DATA**☎0558-72-0707 **住**伊豆市修善寺940-2 **⊙**9～18時 **休**不定休 **交**バス停修善寺温泉から徒歩5分 **P**なし **MAP**折込表・修善寺B2

冨久家エマーユ
ふくやえまーゆ

一度は食べたい絶品ロールケーキ

平日でも客足が絶えない有名店。クレープのような生地でスポンジを巻いた、ふわふわ食感のイタリアンロール1本1180円（Sサイズ）～が人気。お取り寄せ不可なので、事前予約を。**DATA**☎055-948-3039 **住**伊豆の国市南江間1387-4 **⊙**9時～18時30分 **休**月曜 **交**伊豆箱根鉄道伊豆長岡駅から伊豆箱根バスで30分、バス停塚本下車、徒歩3分 **P**5台 **MAP**P136C3

小戸橋製菓 本店
ことばしせいか ほんてん

小豆にこだわった猪最中が名物

愛嬌のあるイノシシ型の皮に、コクがあり味わい深い自家製小豆餡が入る猪最中1個145円（写真。箱入りは6個入り870円～用意）が人気。小豆餡と高級バターの相性が抜群の、バタどら1個155円や洋菓子も販売している。伊豆で3店舗を展開。**DATA**☎0558-85-0213 **住**伊豆市月ヶ瀬580-6 **⊙**8～17時 **休**無休（臨時休業あり）**交**バス停月ヶ瀬温泉から徒歩1分 **P**15台 **MAP**P138C2

実篤の宿 いづみ荘
さねあつのやど いづみそう

文人ゆかりの伊豆長岡温泉の湯

明治40年（1907）創業の宿で、作家・武者小路実篤が湯治に訪れたという温泉は、日帰り利用が可能だ。ヒノキの香り漂う内湯や銘石岩風呂、実篤の言葉が刻まれた庭園露天風呂など趣たっぷり。伊豆長岡温泉で最も歴史があるという。**DATA**☎055-948-1235 **住**伊豆の国市長岡1045-1 **入**入浴1000円 **⊙**日帰り利用は12～21時 **休**無休 **交**バス停温泉場上からすぐ **P**100台 **MAP**P136C4

天城の清水で育まれたワサビスポット

清流に恵まれた天城は、国内でも屈指のワサビの産地。ワサビスポットやグルメをご紹介。

筏場のわさび田
いかだばのわさびだ

「わさびの郷」40万㎡の一角

清流・大見川の上流部にあり、川沿いに広がる石積みで築かれた棚田状のワサビ田。静岡県棚田10選にも選ばれている。田んぼは立入不可。**DATA**☎0558-83-2636 **住**伊豆市筏場 **Y休**遠くから見学のみ **交**バス停筏場から徒歩45分 **P**なし **MAP**P139D2

天城わさびの里
あまぎわさびのさと

すりたてワサビ＋ソフトクリーム

道の駅 天城越え（☞P127）にある店。生ワサビをのせたわさびソフトクリームは400円。**DATA**☎0558-85-0999 **住**伊豆市湯ヶ島892-6 **⊙**8時30分～16時30分 **休**不定休 **交**バス停昭和の森会館からすぐ **P**200台 **MAP**P138C3

竹の子かあさんの店
たけのこかあさんのみせ

地元の味・わさび葉コロッケ

道の駅 天城越え（☞P127）の直売所。わさび葉コロッケ1個150円（11月下旬～GW限定）などの惣菜が評判。**DATA**☎0558-85-1140 **住**伊豆市湯ヶ島892-6 **⊙**9時30分～16時 **休**無休 **交**バス停昭和の森会館からすぐ **P**202台 **MAP**P138C3

修善寺・中伊豆●ココにも行きたい おすすめスポット

天城のワサビ栽培は享保5年（1720）ごろから始まったといわれています。天城山麓からの湧水がワサビ栽培に適しているそうです。

これしよう！
ノスタルジックに
松崎さんぽ

西伊豆最南端の港町。な
まこ壁の建物がある町並
みをおさんぽ。☞P108

これしよう！
駿河湾の新鮮な
海の幸グルメを堪能

高足ガニや赤エビなど、駿
河湾でとれた海の幸を味
わえる店へ。☞P112

これしよう！
ミステリアスな
堂ヶ島のクルーズ

紺碧の海に島々が浮かんで
いる堂ヶ島。洞くつを巡る神
秘的体験を。☞P110

昔の町並みや夕景が美しい西海岸エリア

西伊豆
にしいず

大田子海岸
から見える
美しい夕景

こんなところ

駿河湾沿いを走る海岸線には、美しい夕日
を見られるスポットや、素敵な宿や温泉が
点在。レトロな雰囲気の、なまこ壁の町並
みが続く松崎を歩いたり、堂ヶ島の神秘的
な島々を巡ったり、海の幸をいただいたり。
伊豆半島の東側とは少し違った雰囲気。行
動範囲が広くなるので充分に時間の確保を。

access

●電車・バス	●車
土肥	戸田
↓ バス41分	↓ 県道17号 約16km
	土肥
	↓ 国道136号 約20km
堂ヶ島	堂ヶ島
↓ バス8分	↓ 国道136号 約4km
松崎	松崎

※西伊豆までの交通はP128〜の交
通ガイドを参照

問合せ☎0558-52-1268
西伊豆町観光協会
問合せ☎0558-42-0745
松崎町観光協会
広域MAP P138A1〜4,P140A1〜B2

～西伊豆 はやわかりMAP～

駿河湾

伊豆仁田 三島へ
伊豆中央道
原木
韮山
あわしまマリンパーク
伊豆長岡 伊豆の国市
大瀬崎 伊豆長岡温泉
大瀬海水浴場 内浦湾 伊豆箱根鉄道
沼津市
葛城山▲
修善寺道路 田京
御浜岬 ① 戸田温泉 真城山▲ 大仁
戸田港 大仁温泉
金冠山 修善寺虹の郷 牧之郷
道の駅 くらら戸田 修善寺
達磨山 西 ラフォーレ 修善寺温泉
982▲ 伊 修善寺&CC 修善寺IC
豆 大平IC
清 ス ↓修善寺CC
水 カ 冷川IC
へ イ
ラ 伊豆市
イ
土肥峠 ン 月ヶ瀬IC
土肥港 土肥金山 ② 土肥温泉 船原温泉
丸野山▲
天城高原IC
湯ヶ島温泉
恋人岬
宇久須港 浄蓮の滝 天城山▲ 遠笠山▲
安良 黄金崎 道の駅 天城越え 1406▲ 万二郎岳 伊豆高原
里 万三郎岳
西伊豆町 八丁池
大田子 猿山▲ 旧天城トンネル 東伊豆町 伊豆大川
海岸
伊豆北川
伊豆熱川
稲取GC↓ 片瀬白田
③ 堂ヶ島温泉 長九郎山▲ 河津七滝
996 七滝温泉 大滝温泉 伊豆稲取
④ 松崎温泉 松崎町 今井
松崎港 道の駅 花の三聖苑 浜 伊豆急行
伊豆松崎 大沢温泉 海 稲取港
岸
伊豆の長八美術館 河津
下田市
下田へ 下田へ

0 ━━ 5km

観光のヒント
鉄道網がないので バスか車で移動
夕日スポットが点在しているので、できればドライブ観光がおすすめ。それぞれの港町では、新鮮な海の幸も忘れずに。

金運パワスポ！坑道の神社を参拝
金山跡地では、金箔貼りの鳥居が立つ神社もある（☞P118）

カップル必見！感動のサンセット
愛の鐘がある展望台から、富士山を望める（☞P114）

西伊豆

西伊豆エリアの温泉

へだおんせん
1 戸田温泉
西伊豆北部にある温泉で伊豆の中では比較的新しく昭和61年（1986）に開湯。夕日と温泉と高足ガニが名物。

といおんせん
2 土肥温泉
江戸時代に金山で栄えた土肥の町にある温泉。露天風呂付きの宿泊施設が多く、町の中心地には足湯も。

どうがしまおんせん
3 堂ヶ島温泉
三四郎島などの島々を望む堂ヶ島温泉は、海岸沿いに旅館やホテル、日帰り湯が点在。島を見渡す絶景がウリ。

まつざきおんせん
4 松崎温泉
松崎港周辺に温泉街が広がる。町内のほかの温泉もあわせて松崎温泉郷ともいう。レトロな町並み散策とともに。

遠い昔に戻った気分で
なまこ壁の町・松崎さんぽ

白と黒のコントラストが美しい、なまこ壁の建物が特徴的な西伊豆の港町・松崎。
江戸や明治の時代にタイムスリップしたような、むかし町を歩いてみよう。

松崎ってこんなところ
なまこ壁が印象的な港町

町の中心を流れる那賀川周辺に江戸や明治の時代の旧家が残るレトロなエリア。なまこ壁の建物が点在し、歩いているだけで懐かしい気分になってくる。春は川沿いの桜並木が美しく、田んぼを使った花畑も有名。桜葉の塩漬けの一大産地でもある。みどころが集中しているので歩いて巡るのにぴったり。

問合せ ☎0558-42-0745(松崎町観光協会)
アクセス 伊豆箱根鉄道修善寺駅から東海バスで1時間45分、バス停長八美術館下車
広域MAP P140B1〜2

おすすめコース
ぐるっと回って約2時間
スタート&ゴール バス停長八美術館

徒歩10分 → ⑤樹香香味菓子フランボワーズ
徒歩4分 → ④明治商家中瀬邸
徒歩4分 → ③伊豆文邸

徒歩すぐ → ①伊豆の長八美術館
徒歩3分 → ②なまこ壁通り
徒歩2分 →

①約70mの路地
②交差した白い部分が海の生物・なまこに似ていることから名付けられた

白漆喰が斜めに交差。これがなまこ壁

②なまこ壁通り
遠い昔に戻される空間 松崎を象徴する場所

江戸末期に薬問屋として栄えた近藤家の本宅と土蔵が並んでいる側面で見事ななまこ壁が見られる。レトロな雰囲気の石畳の細い路地を散策。見学できるのは外観のみなので注意。

☎0558-42-0745(松崎町観光協会)住松崎町松崎216-1 時休見学自由(外観のみ)交バス停長八美術館から徒歩4分 P8台(松崎町観光協会駐車場)MAP折込表・松崎B2

①伊豆の長八美術館
松崎出身・入江長八の漆喰芸術作品を展示

地元出身で左官の名工・入江長八の作品を展示している。左官職人が漆喰を用いてコテで仕上げていくのが、漆喰こて絵。長八の作品は西洋のフレスコ画に勝るとも劣らない壁画技術として評価されている。

☎0558-42-2540 住松崎町松崎23 料入館500円 時9〜17時 休無休 交バス停長八美術館からすぐ P50台 MAP折込表・松崎B2

①受付で借りられるルーペで絵を細部まで見ると、その精巧な技に驚嘆させられる **②**立体的なこて絵を数多く展示している

足湯で
ひと休み

❸ 伊豆文邸
いずぶんてい

明治の旧商家の邸宅で
当時の生活に思いを馳せる

明治43年（1910）に建てられた旧商家の邸宅。2階建ての母屋と2棟の蔵が並ぶ。母屋の中には大きな座敷があり、1～2階ともに見学できる。

☎0558-42-3964（松崎町企画観光課）🏠松崎町松崎250-1 ¥無料 ⏰9～16時 休不定休 交バス停長八美術館から徒歩3分 Ｐなし MAP折込表・松崎A2

1 2階の窓は観音開き。当時の繁栄ぶりが窺える
2 横の広場には無料の足湯が併設されている

中瀬邸前には
時計台も

❹ 明治商家 中瀬邸
めいじしょうか なかぜてい

7棟もの建物が今も残る
明治の豪商の大邸宅

明治20年（1887）に呉服店として建てられた邸宅。呉服屋の面影を残す母屋をはじめ、土蔵やお座敷、渡り廊下など見ごたえのあるスポットだ。

☎0558-42-3964（松崎町企画観光課）🏠松崎町松崎315-1 ¥無料 ⏰9～17時 休不定休 交バス停長八美術館から徒歩5分 Ｐ町営駐車場92台（3時間無料）MAP折込表・松崎B2

1 本瓦葺き屋根の母屋をはじめ7棟の建物がある
2 昔の呉服屋の様子を再現

1

❺ 樹果香味菓子
じゅかこうみがし ふらんぼわーず
フランボワーズ

洋菓子店のカフェで
まったりティータイム

住宅街にある洋菓子店でひと休み。伊豆のフルーツを使った生ケーキは260円～。みかんケーキ1本1700円～などをみやげに購入して帰るのもいい。

☎0558-42-1101🏠松崎町宮内23 ⏰9時30分～18時 休無休 交バス停福祉センターから徒歩5分 Ｐ15台 MAP折込表・松崎C2

1 白を基調としたたたずまい
2 木の温もりを感じる店内

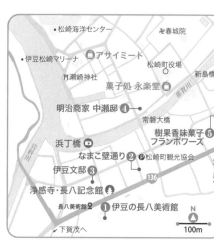

松崎海洋センター
♨春城院
伊豆松崎マリーナ
アサイミート
松崎町役場
瀬崎神社
菓子処 永楽堂
新島橋
明治商家 中瀬邸 ❹
常磐大橋
樹果香味菓子 フランボワーズ ❺
浜丁橋
なまこ壁通り ❷ Ｐ松崎町観光協会
伊豆文邸 ❸
136
浄感寺・長八記念館 ♨
堂ヶ島へ
長八美術館 ♨ ❶ 伊豆の長八美術館
N
下賀茂へ
100m

陸地から歩いて渡れる島も!?
神秘的な堂ヶ島マリンクルーズ

入り組んだ海岸線、奇岩、陸から歩いて渡れる島など、神秘的スポットが多い堂ヶ島。
美しい景観を間近で堪能するなら、船で行く堂ヶ島マリンのクルーズがおすすめ。

島と島の間を
通り抜けていく
のが醍醐味

堂ヶ島
どうがしままりん
堂ヶ島マリン

**洞くつなどを巡る3コース
堂ヶ島周辺を船で楽しむ**

伊豆半島ジオパークのなかでも、奇岩
や小島が多いという堂ヶ島。潮が引い
たときに歩いて渡れる島もあるが、ク
ルーズ船は海上から不思議な岩に
近くまで迫れるのが醍醐味だ。3コース
の中から、ここでは出航頻度も高い「洞
くつめぐり」コースを紹介。

☎0558-52-0013 ⓐ西伊豆町仁科20
¥コースにより異なる ⏰10〜16時（季節
より変動あり）❌無休（荒天時は欠航）🚃
停堂ヶ島からすぐ Ⓟ250台 ⓂⒶⓅP140Ⓐ

もう一つの
景観美を楽しむ
千貫門クルーズ

3コースの中で一番時間が長い「千貫門コース」では、天窓洞に寄ってから南に進み千貫門へ。地下深くに通っているマグマの通り道から、地殻変動などにより隆起した高さ約30mの岩山に開いた大きな門は圧巻。

天然記念物 洞くつめぐり

* 料金　　　1300円
* 出発間隔　15〜20分
* 所要時間　約20分

長さ約12mの遊覧船「シーハーモニー」

シーハーモニーの定員は46名

❷ 乗船して出発

チケットを確認してもらったら桟橋を渡って乗船。好きな場所を確保したいときは早めに乗船しよう。

船は「シーハーモニー」のほか「どうがしま11」など数隻が運航

▲これが当日購入した場合のチケット

▶チケット売り場は乗り場のすぐ近くにある

❶ チケットを購入

まずはチケット売り場で乗船チケットを購入。予約は不要だが、波の高いときなどは欠航になるので事前にHPで確認しておくと安心。

❸ 蛇島などの島々が出現

出発してすぐに見えてくるのが、蛇島と榑三升島など。その後、仁科の海岸線を見ながらU字を描き、三四郎島へ。

蛇のウロコのような岩肌

▲船上では備え付けの救命胴衣を着用しよう

◀蛇島などユニークな形の島々が見られる

▶干潮時には

❹ 堂ヶ島のシンボル　三四郎島

次に見えてくる三四郎島は象島・中ノ瀬島・高島の3島、あるいは沖ノ島を加えた4島の総称で堂ヶ島エリアのシンボル的存在。

歩いて島まで行ける

トンボロとは？
干潮時、海の中に砂の道が出現するのがトンボロ。不思議な自然現象は必見だが、クルーズ中に見えるかどうかは時間次第。

◀ぽっかり開いた天窓から光が差し込む

神秘的な青の洞窟

▶暗い洞くつへ入っていく瞬間がクライマックス

❺ 神秘の洞くつ・天窓洞へ

三四郎島を過ぎたら狭い岩間を通り抜け（スリル満点！）、いよいよ国指定の天然記念物である天窓洞へ。岩が迫ってくるような洞くつの中に神秘的な風景が広がる。

田子漁港
堂ヶ島クルーズ
堂ヶ島海岸
一田子島
西伊豆町
三四郎島
天窓洞
中ノ島
高島
象島
天然記念物
洞くつめぐり
蛇島
室崎
萩谷崎
黒崎
松崎町
烏帽子山
千貫門
伊豆西南海岸
2km
南伊豆町
波勝崎

堂ヶ島マリンクルーズ

📖 トンボロが見られる三四郎島へは、国道136号沿いの駐車場から浜に下りて象島まで歩いて渡ることができます。

駿河湾沿いには絶好の水揚げ港が。
活きのいい魚介ごはんに舌鼓

日本一の深さを誇る駿河湾で水揚げされる新鮮な魚介は必ず食したい。
戸田港の高足ガニなど、西伊豆ならではの海の幸にも注目しよう。

高足ガニの天ぷらが天に向かって立っています

高足ガニの天ぷらへだ御膳
2970円
天ぷらのほか刺身、ご飯、味噌汁、小付、漬け物、デザートが付く大満足な膳

高足ガニの身がたっぷり

▶高足ガニコロッケ2個550円は数量限定

▲人気の高足ガニフルコースは一人前1万5400円(2名)〜。写真はイメージ
▶高足ガニ以外にも各種磯料理が味わえる

戸田
まるきちしょくどう
丸吉食堂

多彩な高足ガニ料理を提供

戸田港の目の前にあり、新鮮な魚介類を定食スタイルで提供してくれる。特に、高足ガニのメニューはバラエティ豊かで、蒸し上げ、焼きガニ、天ぷらなどに調理して、丼や定食、贅沢なフルコースで楽しめる。高足ガニのほか深海魚やエビなどもおすすめ。

☎0558-94-2355 ㊟沼津市戸田566-2
🕐11〜17時LO ㊡金曜(祝日の場合は営業、8月は無休) 🚌バス停戸田から徒歩7分 🅿12台
MAP折込表・戸田B2

高足ガニとは？

● どんなカニ？
大きいものは足を広げると3mを超える世界最大のカニです。
● どこにいるの？
日本近海の深海、駿河湾では水深200〜300mに生息しています。
● 旬はいつ頃？
戸田港では9月中旬〜5月中旬に漁が解禁されます。

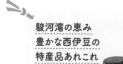

駿河湾の恵み
豊かな西伊豆の
特産品あれこれ

複雑な岩礁に海藻が繁茂する西伊豆の海は、魚介類の宝庫。10〜11月に漁が最盛期を迎える伊勢エビをはじめ、春から夏が旬のスルメイカ、冬のブリなど、季節ごとにさまざまな海の幸を味わえる。

戸田
さかなやうおせい
さかなや魚清

深海魚メニューが充実

窓の外に戸田港が見えるロケーション。深海でとれる高足ガニなどを味わえる。赤エビも人気で、プリプリの身と濃厚でジューシーなミソにはファンが多い。塩焼き、醤油焼き、塩茹でからチョイス可能で、人気は塩焼き。

☎0558-94-2114 住沼津市戸田580 ⏰11〜17時（土・日曜、祝日は〜20時）休不定休 交バス停戸田から徒歩6分 P15台 MAP折込表・戸田B2

赤エビの塩焼き
1320円
水深200〜400mに棲む赤エビ。漁期は9〜5月

9〜5月には、生簀は高足ガニでいっぱいに

こあじ鮨 1400円
西伊豆でとれた小アジと薬味のバランスが絶妙。一皿10貫で提供

国道136号沿いの宇久須港近くにある

宇久須
がんそこあじすしそうほんてん ほうちょうどころ やおき
元祖こあじ鮨総本店 包丁処 八起

爽やかな香りの宇久須名物

宇久須名物こあじ鮨の店。「ふじのくに食の都づくり仕事人」として県から表彰された店主が作るこあじ鮨は絶品。小ぶりなシャリの上に地アジがのっており、薬味の青ジソやショウガなどがなんとも爽やかな香り。

☎0558-55-0598 住西伊豆町宇久須669-1 ⏰10〜19時 休火曜（祝日の場合は木曜、夏期は無休）交バス停宇久須から徒歩2分 P30台 MAP P138A3

土肥
しょくじどころさくら
食事処さくら

さまざまな地魚料理を味わえる

地魚や近海ものを地元の漁師から直接買い付ける、天然モノにこだわった地魚料理の店。煮魚定食1980円などの定番メニューはもちろん、キンメダイやサザエといった旬の魚を使ったメニューが揃う。

☎0558-98-0813 住伊豆市土肥690-8 ⏰11時30分〜14時、17時30分〜20時 休不定休 交バス停馬場から徒歩2分 P15台 MAP折込表・土肥C2

紅白丼
1210円
マグロと白身魚の刺身をたっぷりのせた、定番人気メニュー

地元客が太鼓判を押す人気の食事処

📖「さかなや魚清」の高足ガニ定食4950円は、ご飯にカニ味噌を混ぜた和風リゾットでシメるのが最高です。

富士山&夕景を目指して 西伊豆のビュースポットへ

西伊豆エリアの海沿いには、富士山ビュー&夕陽スポットが点在。
ドライブしながら雄大な富士山や感動のサンセットを見に行こう。

夕陽もすばらしい!

❶小高い丘から駿河湾と富士山を一望 画像提供：沼津市 ❷大切な人と眺める夕陽はロマンチック ❸モニュメント越しに富士山を入れてオリジナリティある一枚に

❶ 煌めきの丘 きらめきのおか

富士山の雄姿を正面に望む

太陽の光が反射し、海面がキラキラと輝いて見えることから名づけられた。正面に望む富士山ときらめく海面、周囲の山々とのコントラストは圧巻。車利用なら海岸線を北から南へドライブするのがおすすめだ。初春には、眼下に広がる菜の花畑で「井田」の花文字も楽しめる。

☎0558-94-3115(戸田観光協会) 🏠沼津市井田 ￥⏰休見学自由 🚃伊豆中央道長岡ICから車で約40分 🅿10台 🗺P138A1

❷ 恋人岬 こいびとみさき

カップルに人気の絶景スポット

岬の先端までボードウォークが設置され、展望デッキからは富士山や駿河湾のパノラマを楽しめる。デッキにはこの地に伝わる"福太郎とおよねの恋愛伝説"にまつわる「愛の鐘」が設置されており、人気を集めている。

☎0558-99-0270(ステラハウス) 🏠伊豆市小下田242-1 ￥⏰休見学自由 🚃修善寺道路大仁中央ICから車で約45分 🅿80台 🗺P138A3

❸ 出逢い岬 であいみさき

ユニークな富士ビューを見るならココ

富士山と駿河湾、御浜岬、戸田港を一望できる。展望デッキにあるモニュメントの丸い部分から見る富士山は、この場所ならではの眺めだ。とっておきの写真が撮れる絶好のスポットとして、絶大な人気を誇っている。

☎0558-94-3115(戸田観光協会) 🏠沼津市戸田 ￥⏰休見学自由 🚃伊豆中央道長岡北ICから車で約40分 🅿10台 🗺P138A1

🗻 = 富士山が見える　🌅 = 夕陽が見える

④「イズら」と夕陽の見事なコラボレーション 画像提供：西伊豆町フォトコンテスト ⑤岬と青い海、そして富士山という絶景に感動！ ⑥黄金色の岩肌は高温の温泉水や地熱の作用によるものだ ⑦木々の向こうに富士山が見える ⑧「愛の鐘」を3回鳴らすと愛が実るとか

絶景グランピングに宿泊

西伊豆 天空テラス

駿河湾を望む断崖に位置し、富士山と夕陽の両方を楽しめると話題に。敷地内にはドームテントのほか、温浴施設やバーベキュー棟などがあり、絶景をたっぷり楽しめる。

☎0558-99-9751 🏠沼津市戸田3878-72 ¥1泊2食付き2万円〜（1室2名利用時の1名料金）🕐IN 15〜18時／OUT 11時 休無休 🚗修善寺道路修善寺ICから車で約45分 🅿23台 MAP P138A1
♨風呂:露天2 貸切1

①

①断崖絶壁に並ぶドームテントが圧巻 ②バーベキュー棟は個室仕様。豪華な食材も魅力 ③屋外には水着で利用するジャクジーも

②

③

西伊豆 ● 西伊豆のビュースポットへ

---

④大田子海岸

奇岩と小島が描く夕景スポット

西伊豆を代表する夕陽の名所。奇岩「メガネッチョ」は、ゴジラに似ていることから別名「イズら」ともよばれている。春分と秋分の日前後には、沖に浮かぶ男島と女島の間に夕陽が沈み、期間限定の絶景を見られることも。

☎0558-52-1268（西伊豆町観光協会）🏠西伊豆町大田子 ¥🕐休見学自由 🚗天城北道路月ヶ瀬ICから車で約50分 🅿15台
MAP P138A4

おせざき
⑤大瀬崎

富士山を望む沼津屈指の景勝地

駿河湾に約1kmに渡って突き出た砂嘴（さし）で、別名は「琵琶島」。国の天然記念物のビャクシン樹林と海越しの富士山は、県道17号沿いにある「富士山ビュースポット・西浦江梨」から眺められる。

☎055-934-4747（沼津市観光戦略課）🏠沼津市西浦江梨 ¥🕐休見学自由 🚗伊豆中央道長岡北ICから車で約25分 🅿6台
MAP折込裏・B3

こがねざき
⑥⑦黄金崎

黄金色に染まる光景が美しい

断崖絶壁の岬が夕陽に照らされ黄金色に輝くことで知られる景勝地で、岬全体が公園になっている。展望台のすぐ前にある奇岩は、馬の形に似ていることから「馬ロック」の愛称で親しまれている。静岡県の天然記念物に指定。

☎0558-52-1268（西伊豆町観光協会）🏠西伊豆町宇久須 ¥🕐休見学自由 🚗天城北道路月ヶ瀬ICから車で約40分 🅿20台
MAP P138A4

---

i 恋人岬の入口にあるみやげ物店「ステラハウス」では、恋人宣言証明書500円を発行しています。

旬の料理を味わいながら
静かにくつろげる至福の宿

「いさば」の客室でお留守番

西伊豆の宿では、駿河湾の海の幸を贅沢に使った料理を楽しめるのが魅力。
お風呂や客室から夕日を眺め、西伊豆のグルメを味わう至福の時間を過ごそう。

戸田温泉

うみのほてる いさば

海のほてる いさば

貸切風呂から富士山や夕日を愛で
豪華な海の幸に大満足

富士山を見渡せる絶好のロケーションにある料理自慢の宿。伊豆の食材を多く使い、海の幸盛りだくさんの夕食は、ボリュームも種類も満足できること間違いなし。絶景が広がる貸切露天風呂の西伊豆浪漫の湯や、展望大浴場からの景色も素晴らしい。

☎0558-94-3048 🏠沼津市戸田美浜海岸3878-20 🚌バス停戸田から徒歩25分 🅿バス停戸田から送迎あり(要予約) 🅿50台 🛏全27室(和6、洋4、露天付17) ●1971年創業 MAP折込表・戸田A2 ♨風呂:内湯2 露天1 貸切4

÷1泊2食付き料金÷
平日2万7650円〜
休前日3万3150円〜
÷時間÷
IN15時 OUT10時

いさばの夕食の数々

▲伊勢エビやズワイガニ、深海タコと牛しゃぶなど、全15品が並ぶ豪華な夕食

1 アワビの踊り焼き。その場で焼いて食べる

2 深海魚とろぼっちと深海エビを戸田塩で

3 ぷるぷる食感を楽しめる伊勢エビお造り

4 西伊豆名物・高足ガニの料理も

🌅 いさばで過ごす1日

1 貸切露天風呂の夕日のかがやきは45分2200円。富士山と夕日を楽しめるのはここだけ 2 展望大浴場の露天風呂から眺める夕日も格別 3 あかねの詩の展望風呂とオープンテラス付き客室。ほかに藍の詩や静の海という客室フロアがある

源泉かけ流し 🏠部屋食 エステあり 禁煙ルームあり 🌊大浴場あり ひとり宿泊OK

すいしょうてい
粋松亭

全室から駿河湾の夕日を一望
四季折々の味覚が彩る膳とともに

すべての客室から駿河湾を見渡すことができ、17の和室に温泉露天風呂が付いている。夕食は、新鮮な魚介や伊豆の山々の味覚が詰まった料理を部屋で味わえる。露天や内湯、展望貸切露天で温泉を満喫したあとに、ゆっくり楽しもう。

☎0558-98-1189 **住**伊豆市土肥415-4 **交**バス停土肥温泉から徒歩1分 **送**送迎なし **P**30台 **客**全21室（和4、露天付17）●1991年創業 **MAP**折込表・土肥B1 **風**風呂：内湯2 露天2 貸切2

1 伊豆の食材を使った豪華な夕食（写真はイメージ）2 土肥の松原大橋のたもとに位置している 3 温泉かけ流しの露天風呂が付いた客室は和の趣きを感じられる空間

1 冬の旬の味覚は伊勢エビやサザエなど 2 伝統的な日本家屋で広々とした客室

みんしゅく かいとくまる
民宿 かいとく丸

1日2組限定の美食の宿
専用個室で独創的な料理を

元網元が営む美食の宿として全国的に知られる民宿。伊豆の旬の素材を和洋織り交ぜて独創的に仕上げる料理が一番のお楽しみ。和風、イタリア風、フランス風とバラエティ豊かなメニューが並ぶ。ヒノキの貸切風呂（予約不要）も好評。1日2組（4～5名）限定なので予約は早めに。

☎0558-45-0365 **住**松崎町岩地363-3 **交**バス停岩地温泉から徒歩5分 **送**送迎なし **P**7台 **客**全4室（和4）●1965年創業 **MAP**P140B2 **風**風呂：貸切2

たたみのやど ゆのはなてい
たたみの宿 湯の花亭

客室はもちろん風呂にも畳が
全館素足で過ごせる宿

客室をはじめ、廊下、トイレ、風呂、さらに浴槽の中にまで、畳が敷き詰められている、まさに「たたみの宿」だ。夕食は旬の海の幸が中心で、豪華な朝食も好評。オーシャンビューで温泉を楽しめるほか、館内は素足で動き回れるので、心も身体もリラックスしてくつろげる。

☎0558-98-1104 **住**伊豆市土肥2849-5 **交**バス停みの川からすぐ **送**送迎なし **P**35台 **客**全32室（和30、和洋2）●1950年開業 **MAP**折込表・土肥B2 **風**風呂：内湯2 露天2

1 一番人気の豪華平目の板盛が付くプランなど夕食メニューも多彩 2 玄関を入るとロビーや階段にも畳が。総畳数は約4000畳 3 展望露天風呂の浴槽にも、水だたみという特殊な畳が敷いてある

ココにも行きたい

西伊豆のおすすめスポット

📷 くにしていじゅうようぶんかざいいわしながっこう
国指定 重要文化財 岩科学校

洋風デザイン建築の重要文化財

なまこ壁を利用し、バルコニーや玄関に洋風のデザインを取り入れた西伊豆で最古の歴史を誇る小学校。館内では左官の名工・入江長八が手がけた『千羽鶴』を見ることができる。**DATA** ☎0558-42-2675 🏠松崎町岩科北側442 ¥入館300円 🕘9～17時 休無休 交バス停松崎から東海バスで10分、バス停重文岩科学校下車すぐ P25台 MAP P140B2

📷 じょうかんじ・ちょうはちきねんかん
浄感寺・長八記念館

天井に描かれた長八の傑作は必見

入江長八が幼年期を過ごした寺。天井に描かれている『雲龍』（写真）と、鮮やかな彩色で欄間に施された『飛天の像』は、どちらも静岡県指定有形文化財に指定されている傑作。境内には長八の墓や記念碑も立つ。**DATA** ☎0558-42-0481 🏠松崎町松崎234-1 ¥入館500円 🕘10～15時（入館は14時30分まで）休不定休 交バス停長八美術館から徒歩2分 P20台 MAP 折込表・松崎B2

📷 こがねざきくりすたるぱーく
黄金崎クリスタルパーク

ガラスの魅力を見て体験

かつてガラスの原料である、けい石の産地だった西伊豆ならではのガラスをテーマにしたミュージアム。現代ガラスの美術館や、作品作りができる体験工房、ショップなどがある。**DATA** ☎0558-55-1515 🏠西伊豆町宇久須2204-3 ¥美術館800円 🕘9～17時 休無休（臨時休業あり）交バス停黄金崎クリスタルパークからすぐ P160台 MAP P138A3

📷 といきんざん
土肥金山

金運パワースポットとして人気

江戸時代、金の採掘が盛んだった土肥。当時の採掘風景を再現した、全長350mの観光坑道があるほか、ギネス世界記録に登録されている250kgの金塊を展示。砂金採り体験750円もできるので、チャレンジしてみるのもいい。**DATA** ☎0558-98-0800 🏠伊豆市土肥2726 ¥入場1000円 🕘9～17時 休12月不定休 交バス停土肥金山からすぐ P200台 MAP 折込表・土肥B2

観光坑道内の山神社にある純金箔貼りの黄金の鳥居。金運アップ祈願にお参りを

世界最大の金塊にタッチして、金運を呼び込もう

📷 むろいわどう
室岩洞

採石場跡を見学できる

江戸時代から昭和29年（1954）まで伊豆石の切り出しが行われていた採石場が一般公開されている。当時の様子がそのまま残されている数少ない場所に、約180mの見学通路が整備されている。**DATA** ☎0558-42-3964（松崎町企画観光課）🏠松崎町 ¥見学無料 🕘8時30分～17時（16時30分以降は入洞禁止）休無休 交バス停室岩洞から徒歩5分 P4台 MAP P140B2

📷 せんがんもん
千貫門

地上に現れた「火山の根」

かつて海底火山の下にあったマグマの通り道が地上に姿を現した一部で、中央部分が波で削られて門のように見える。かつては浅間門といわれたが、「見る価値が千貫文にも値する」という意味で現在の名になった。**DATA** ☎0558-45-0844（雲見観光協会）🏠松崎町雲見 ¥見学自由 交バス停雲見入谷から徒歩15分 P周辺有料駐車場利用 MAP P140A2

🍴 ぷろゔぁんす・ど・すずき
プロヴァンス・ド・すずき

伊豆産の魚や野菜をフレンチで

駿河湾でとれた魚介や松崎の野菜を使ったフレンチメニューが味わえる。パンやデザートもすべて手作り。・ランチ1650円～、ディナー3190円～と比較的リーズナブルなのもうれしい。**DATA** ☎0558-42-3701 🏠松崎町道部103-3 🕘11時30分～14時LO、17時30分～20時LO 休火曜 交バス停長八美術館から徒歩5分 P4台 MAP P140B2

🍴 いたりあんれすとらんさるーて
イタリアンレストランサルーテ

田舎の雰囲気が素敵な地産地消イタリアン

イタリアの片田舎のような、仲間で集えるアットホームな店。地元の魚介や野菜をふんだんに使ったパスタをはじめ、松崎らしさにあふれる料理を。**DATA** ☎0558-43-0885 🏠松崎町那賀170-9 🕘11時30分～14時LO、17時30分～20時LO 休水・木曜 交バス停伏倉橋から徒歩5分 P7台 MAP P140B2

🍴 漁師カフェ 堂ヶ島食堂
りょうしかふぇ どうがしましょくどう

地元の漁師が営むおしゃれ食堂

おしゃれな雰囲気の店内では、漁師の店主が新鮮な魚介料理を提供。俺のぶっかけ丼1925円（写真）は、魚のブツ切りに玉子の白身とメカブのとろみが絡む絶品。天草を収穫するところから、すべて店主が行うトコロテンは食べ放題。**DATA** ☎0558-52-0134 🏠西伊豆町仁科2015-3 🕐11時〜15時30分LO 🈳木曜、ほか臨時休業あり 🚌バス停堂ヶ島から徒歩1分 🅿16台 **MAP** P140B1

🍴 の一食堂
のいちしょくどう

鮮魚売店併設の食事処

素材の目利きには自信があるという店主の店。定食や丼、コース料理など、種類豊富なメニューは季節限定もある。自前の生簀にいる高足ガニは、高足ガニ入り海鮮丼2200円（写真）で堪能しよう。**DATA** ☎0558-94-3225 🏠沼津市戸田410-16 🕐10〜16時（土・日曜、祝日、夏期は延長あり）🈳水曜、火曜不定休 🚌バス停戸田からすぐ 🅿15台 **MAP** 折込表・戸田C2

🍴 お食事処 ゆうなぎ
おしょくじどころ ゆうなぎ

漁師から直接仕入れる珍魚も

イカとエビ以外はすべて駿河湾の深海魚を使用する、深海魚天どんセット1500円（写真）が人気の店。内容は水揚げにより異なるが、店主が自ら出向き、漁師から直接仕入れる、市場には出回らないレアな魚が入ることもある。**DATA** ☎0558-94-4405 🏠沼津市戸田312-2 🕐11〜18時LO（土・日曜、祝日は〜20時LO）🈳不定休 🚌バス停戸田からすぐ 🅿8台 **MAP** 折込表・戸田C1

🛍 アサイミート
あさいみーと

松崎名物・川海苔のコロッケを

松崎の特産品・川海苔を使ったサクサクの川のりコロッケ1個200円が名物。川海苔を衣にも具にも使ったポテトコロッケで、試行錯誤を重ね完成させた自信作だ。松崎産桜葉を使った桜葉豚みそ漬け1枚380円など、地元食材を使ったものが多い。**DATA** ☎0558-42-0298 🏠松崎町松崎451-1 🕐9〜18時 🈳火・水曜 🚌バス停松崎から徒歩5分 🅿5台 **MAP** 折込表・松崎A1

🛍 菓子処 永楽堂
かしどころ えいらくどう

桜葉みやげの定番さくらもち

なまこ壁で有名な松崎町は、塩漬け桜葉の生産量が日本一の町でもある。桜葉を贅沢に2枚使って餅をはさんだ長八さくらもち2個入り260円（写真）は、桜の葉が主張しすぎない上品な味わいでみやげに人気。**DATA** ☎0558-42-0270 🏠松崎町宮内300-2 🕐7時30分〜16時 🈳木曜（祝日の場合は営業）🚌バス停長八美術館から徒歩8分 🅿なし **MAP** 折込表・松崎B1

🛍 伊豆の心太 盛田屋
いずのところてん もりたや

伊豆のこだわりのトコロテン

土肥の八木沢海岸で収穫される高級な天草を100%使用したトコロテンを販売。天城山麓の湧水で煮溶かして作る天然のトコロテンは、オリジナル三杯酢付きで1個300円（店内は1皿350円）。三杯酢の代わりに黒蜜でスイーツ風に味わうのもおすすめ。**DATA** ☎0558-99-0014 🏠伊豆市八木沢1598-1 🕐9〜17時 🈳無休 🚌バス停土肥丸山公園から徒歩2分 🅿20台 **MAP** P138A3

リピーターになりそう！
西伊豆ご当地グルメ

西伊豆に行ったら一度は食べたい、3つのご当地グルメをご紹介。

喜久屋食堂
きくやしょくどう

堂ヶ島名物「しおかつお」

しおかつおうどん750円が看板メニュー。塩漬けして乾燥させたカツオがうどんとマッチ。たっぷり薬味をかけて味わおう。**DATA** ☎0558-52-0514 🏠西伊豆町仁科803-2 🕐11〜20時 🈳不定休 🚌バス停大浜からすぐ 🅿8台 **MAP** P140B1

戸田温泉旅館組合
へだおんせんりょかんくみあい

天然塩使用「戸田塩じぇら〜と」

戸田温泉旅館組合おかみの会考案の戸田塩じぇら〜と300円は、あと味さっぱりの塩アイス。組合に加盟する宿泊施設や道の駅くるら戸田漁協直売所で販売。**DATA** ☎0558-94-3115（戸田観光協会）🏠沼津市戸田 🈳🚌店舗により異なる

伊豆手作り菓子工房 グリーンヒル土肥
いずてづくりかしこうぼう ぐりーんひるとい

土肥名産を使った「白びわのアイス」

白い果肉と豊富な果汁が特徴の白びわを使ったびわアイス500円が絶品と話題だ。各種びわスイーツも揃っている。**DATA** ☎0558-98-0722 🏠伊豆市土肥2197-2 🕐8時30分〜17時 🈳無休 🚌バス停大平からすぐ 🅿30台 **MAP** P138A2

📖 しおかつお料理を提供する店は、西伊豆町仁科（**MAP** P140B1）付近に多くあるほか、松崎や沼津にもあります。

絶景、巨大アスレチック、パワスポ
三島で行きたい！ 人気スポット

絶景を楽しめる日本最長の大吊り橋に巨大アスレチック、
将軍ゆかりのパワースポット。三島ではずせないスポットはココ！

スリル満点の
ロングジップスライド

こんなお楽しみも！

ふぉれすとあどべんちゃー・
みしますかいうぉーく
フォレストアドベンチャー・
三島スカイウォーク

森をそのまま利用した施設。木か
ら木へとさまざまなアクティビティ
で渡っていくアドベンチャーコース
3900円、往復560mのロングジ
ップスライド2000円〜、子ども向
けのキッズコース1500円などが
ある。

1 晴れた日には富士山がきれいに見える
2 橋の上からの絶景を楽しもう
3 セグウェイツアーは予約優先

みしますかいうぉーく
三島スカイウォーク

しっかり楽しんで
2時間以上

日本一の大吊り橋から絶景を！

伊豆と箱根の中間の山間部にある、全長
400m、高低差70mを誇る日本最長の歩
行者専用の吊り橋。入場料不要で利用でき
る南エリアには、ショッピングができるスカイ
ガーデンなどが、吊り橋を渡った先の北エリ
アには、展望デッキや散策路、カフェなどが
ある。森の中をガイドとともに巡るセグウェイ
ガイドツアー4900円もぜひ体験を。

☎055-972-0084 伊三島市笹原新田313 ¥吊り
橋入場1100円 🕘9〜17時 無休 交JR三島駅か
ら東海バス元箱根港行きで約20分、バス停三島スカ
イウォーク下車すぐ P400台 MAP P137D1

120

ひと足のばして
十国峠の
新スポットへ

2022年8月、「PANORAMA TERRACE 1059」が誕生。「TENGOKU CAFE」では、峠チュロス500円などのスイーツを楽しめる。
☎0557-83-6211(十国峠)
MAP P137D2

三島 ●三島で行きたい！人気スポット

いっぱい遊んで 約1時間

どらごんきゃっする
ドラゴンキャッスル
天空タワーアスレチックに挑戦！

史跡・山中城址公園に隣接。92種のアクティビティが体験できるアスレチックコースのほか、木登りに挑戦できる「クライミングツリー」や最上階に設けられた展望デッキ「天空回廊」などからなる。絶景を楽しみながら体を動かそう。
☎055-985-2626 🏠三島市山中新田123-1 💴アスレチックコース4000円(利用条件あり)、クライミングツリー1000円、天空回廊400円 🕘9～17時(最終受付は15時20分。時期により変動あり) 休荒天日、メンテナンス日 🚃JR三島駅から東海バス元箱根港行きで約20分、バス停ドラゴンキャッスル下車すぐ 🅿70台
MAP P137D1

1アスレチックコースにあるトンネルのようなアクティビティ 290種以上のアクティビティを楽しめる

1江戸時代末期に再建された御殿。美しい彫刻も必見 2境内には15種200本の桜があり、3～4月には花見も楽しめる

ゆっくり歩いて 約1時間

みしまたいしゃ
三嶋大社
源頼朝ゆかりのパワースポット

伊豆国一の宮として栄え、「三島」という地名の由来となった古社。奈良・平安時代の古書には富士山や伊豆諸島の噴火や造島を司る神として崇敬を集めたと記され、鎌倉初代将軍の源頼朝が源氏再興を祈願したことでも知られる。境内には重要文化財の御殿をはじめ、歴史ある建物・史跡が並んでいる。
☎055-975-0172 🏠三島市大宮町2-1-53 💴休境内自由(宝物館展示室は💴入館500円 🕘9～16時 休不定休) 🚃JR三島駅から徒歩15分 🅿68台(1時間200円～) MAP P136C2

門前グルメはコレ！

おおむらせいにくてん
大村精肉店

ハート型がかわいい「みしまコロッケ」は、夏～秋はジャガイモ、冬～春はサツマイモを使っている。1個140円。
☎055-972-2981 🏠三島市大社町2-27 🕘9時～17時30分 休日曜、祝日 🚃JR三島駅から徒歩15分 🅿10台 MAP P136C2

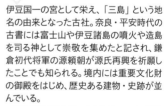

 2023年1月現在、「クレマチスの丘」はベルナール・ビュフェ美術館など一部施設を除き休業中です。

エンタメ漁港・沼津港を楽しむ！
港八十三番地＆海鮮グルメ

豊かな漁場に恵まれた沼津港は、静岡県を代表する漁港の一つ。
周辺には飲食店や複合施設などが集まり、"遊べる漁港"として人気を集めている。

みなとはちじゅうさんばんち
港八十三番地
食べて買って遊べるスポット

沼津港の入口にある複合施設で、新鮮な海鮮グルメを味わえるレストランやカフェ、個性的な水族館（☞P124）などが集まる。休日の昼時は混雑することもあるので、食事は時間をずらすのがおすすめ。☎055-954-0606（沼津港深海水族館シーラカンス・ミュージアム）🏠沼津市千本港町83 🕐店舗により異なる 🅿無休（1月に休業あり）🚃JR沼津駅から伊豆箱根バス沼津港循環で15分、バス停沼津港下車、徒歩3分 🅿有料50台 MAP P136B3

海鮮丼 佐政 の
深海丼 2618円
創業100年以上の佐政水産の直営店。ユメカサゴの姿造りなど、深海魚を堪能できる

浜焼きしんちゃん の
駿河湾深海おまかせ盛り
1738円
メギスやメヒカリなど、さまざまな深海魚の盛り合わせ。自分で焼いて味わえる

Hamburger & Café 沼津バーガー の
深海魚バーガー 750円
水深200mに生息するメギスのフライをはさんだバーガー。あっさりした白身で食べやすい

Italian restaurant ポルトゥス の
魚介まるごとアクアパッツァ
2300円〜
イタリア料理の巨匠・石崎幸雄シェフ監修のレストラン。新鮮な魚介の旨みがたっぷり

このスポットもチェック！

ちどりかんこうきせん
千鳥観光汽船
クルージングで富士山ビューを楽しむ

所要約30分の沼津港周遊コースでは、富士山や白砂青松の絶景を満喫できる。他コースもあり。☎055-943-2221 🏠沼津市千本港町（千鳥丸沼津港案内所）【沼津港周遊コース】¥乗船1100円 🕐11〜15時の毎正時発（変動あり）🅿荒天時 🚃バス停沼津港からすぐ 🅿なし MAP P136B3

ぬまづこうおおがたてんぼうすいもんびゅうお
沼津港大型展望水門びゅうお
展望台がある日本最大級の水門

地上約30mの場所に展望台がある。幅40mの巨大な建造物で、波から市街を守っている。☎055-963-3200 🏠沼津市千本1905-27 ¥入場100円 🕐10〜20時（木曜は〜14時）🅿無休（臨時休業あり）🚃バス停沼津港から徒歩5分 🅿10台 MAP P136B3

魚市場で
活気あふれる
セリを見学

沼津魚市場INOでは、早朝5時45分～7時頃まで行われるセリを2階の見学通路から自由に見学できる。建物内には飲食店も入る。休みは土曜のほか月2回ほど不定休あり。☎055-962-3700 MAP P136B3

特製海鮮丼
2178円
アジやメダイなど11種のネタを豪快に盛り付けた満足度大の丼。ネタは季節により替わる

ぬまづかねはち
沼津かねはち
鮮度のよさはお墨付き

沼津魚市場仲買人「かねはち」が営む食事処。目利きのプロが毎朝魚市場で競り落とす鮮度抜群の魚介を、海鮮丼や寿司、定食などで味わえる。天ぷらや煮付け、焼き魚など、メニューは豊富。特選海鮮ひつまぶし2420円や特選お刺身定食2530円もおすすめ。

☎055-954-0008 住沼津市千本港町109 ⏰10時～20時30分（土・日曜、祝日は～21時）※変動あり 休無休（1月に休業あり）交JR沼津駅から伊豆箱根バス沼津港循環で15分、バス停沼津港下車、徒歩5分 Pダイノブセンター駐車場利用80台 MAP P136B3

▲黒を基調としたシックな内観

うおがし まるてん みなとてん
魚河岸 丸天 みなと店
豪快な海鮮かき揚げが名物

ボリューム満点の海鮮料理が食べられる有名店。看板メニューは、高さ約15㎝のかき揚げがそびえ立つ海鮮かき揚げ丼。まずは見た目に圧倒されるが、衣は軽い食感で食べやすい。マグロの尾の部分をじっくり煮込んだ、まぐろフルテールシチュー1320円も人気。

☎055-954-1028 住沼津市千本港町100-1 ⏰11時～21時45分 休木曜（祝日の場合は前日）交JR沼津駅から伊豆箱根バス沼津港循環で15分、バス停沼津港下車、徒歩3分 Pぬまづみなとパーキング利用 MAP P136B3 ※料金変更の予定あり

海鮮かき揚げ丼
1430円
かき揚げの具材には、エビや貝柱、野菜などを使用。かき揚げ単品は1100円

▲テーブル席とカウンター席がある

沼津港MAP

沼津駅へ↑
千鳥観光汽船
沼津港外港
港口公園
沼津港大型展望水門びゅうお
沼津魚市場INO
沼津港（千本港町）
沼津港口
魚市場入口
港大橋
港八十三番地
沼津港内港
→魚河岸 丸天 みなと店
→沼津かねはち
📍沼津港深海水族館（☞P124）
📍ディープシーワールド（☞P125）
📍ディープクルーズ（☞P125）
🍴Italian restaurant ポルトゥス
🍴海鮮丼 佐政
🍴浜焼きしんちゃん
🍴Hamburger & Café沼津バーガー

ぬまづ みなとしんせんかん
沼津 みなと新鮮館

ここもCHECK!

伊豆のグルメみやげが揃う

飲食店や物販店など12軒が集まる。干物専門店やワサビの店などもあり、伊豆みやげを探すのにぴったり。食事処も併設。☎055-941-7001 ⏰店舗により異なる 休第2・4火曜（祝日の場合は営業）交JR沼津駅から伊豆箱根バス沼津港循環で15分、バス停沼津港下車すぐ P41台 MAP P136B3

沼津 みなと新鮮館の「レーラかんすカフェ」では、深海ブラックソフト700円や深海カップパンケーキ700円が人気です。

深海生物にイルカ、カエルも!?
3つの個性派水族館へ行こう

深海生物やカエルなど、個性的な展示で話題の沼津市の水族館。
1つの市に3つも水族館があるのは、全国的にも珍しい！

この深海生物に注目！

ミドリフサ アンコウ
正面から見た顔が、怒っているようで愛嬌たっぷり。危険を感じるとフグのようにふくれる。体長約35cm

ぬまづこうしんかいすいぞくかん しーらかんす・みゅーじあむ
沼津港深海水族館
シーラカンス・ミュージアム

日本初！深海メインの展示に注目

港八十三番地（☞P122）内にあるこの施設のこだわりは、深海とシーラカンス。1階には日本一深い駿河湾に生息する110種以上の深海生物、2階にはシーラカンスのはく製などを展示する。深海に入り込んだような空間でダイオウグソクムシを観察したり、世界でも貴重なシーラカンスの冷凍個体を見学したりと、見どころいっぱいだ。

☎055-954-0606 ⊞沼津市千本港町83 ¥入館1800円 ⏰10～18時（最終入館は17時30分）。繁忙期は変動あり 休1月にメンテナンス休館あり 🚃JR沼津駅から伊豆箱根バス沼津港行きで約15分、終点下車、徒歩3分 🅿有料50台（港八十三番地利用）MAP P136B3

世界でココだけ！シーラカンスの冷凍個体を2体展示

深海の世界へ入り込めるアトラクション

沼津港深海水族館の近くには、シューティングアトラクション①「ディープシーワールド」（写真）とVR 深海アドベンチャー②「ディープクルーズ」がある。☎①055-955-5990／②055-954-0611 ¥①700円②1800円 MAP P136B3

メンダコ
見た目のかわいらしさから、絶大な人気を誇る。泳ぐときに舵取りの役割をする耳がある。体長は約20cm

ダイオウグソクムシ
ダンゴムシのような姿がかわいいと話題に。海底にある骨などを食べるため「深海の掃除屋」といわれる。体長20〜40cm

タカアシガニ
世界最大のカニで水族館ではなじみ深い。体長は1〜1.2mだが、ハサミを広げると4m以上にもなる

※深海生物は入れ替わりが多く、時期や生き物の体調により展示していない場合があります。最新の情報は公式HPで確認を。

駿河湾は深海生物の宝庫！

深海とは一般的には水深200m以上とされ、そこに暮らしているのが深海生物。日本最深2500mの深さがある駿河湾を擁する沼津市は、深海生物を専門に展示する水族館には最適の場所といえる。

▶水族館の1階は深海にいるような雰囲気

▲「コツメカワウソにタッチ」は1日1回開催。¥参加500円

イルカショーはショースタジアムとイルカの海の2つ！

いず・みとしーぱらだいす
伊豆・三津シーパラダイス

"遊ぶ！学ぶ！ふれる！"がテーマ

海の世界に自ら入り込むことをコンセプトにした水族館。イルカやアシカなどの大迫力＆ユニークなショーは必見だ。ほかにも、遊びながら学べるキッズコーナーなど楽しさ満載。

☎055-943-2331 住沼津市内浦長浜3-1 ¥入館2200円 ⏰9〜17時（最終入館は16時）休冬期にメンテナンス休館あり 交伊豆箱根鉄道伊豆長岡駅から伊豆箱根バス伊豆・三津シーパラダイス行きで約25分、終点下車すぐ P300台（1回500円）MAP P136B4

▲アシカプールでは1日数回ショーを開催。¥観覧無料

アフリカウシガエルは富士山を眺めながら入浴中で〜す！

あわしままりんぱーく
あわしまマリンパーク

展示種類数日本一の「カエル館」は必見

無人島の淡島にあり、送迎船で島に渡る。淡島水族館やアシカプールのほか「カエル館」には世界60種150匹以上のカエルを展示。じっくり見ると、カエルたちがかわいらしく見えるかも？

☎055-941-3126 住沼津市内重寺186 ¥入園2000円 ⏰9時30分〜17時（入園は15時30分。夏期・冬期は変動あり）休荒天時 交JR沼津駅から東海バス江梨・木負行きで約40分、バス停マリンパーク下車、徒歩2分 P150台（1回50円）MAP P136B4

📖 沼津市に4つめの水族館「幼魚水族館」（MAP P136C2）が2022年にオープンしました。

伊豆みやげ

伊豆で売れている味みやげは "駅"に行けば揃っている

伊豆のみやげ探しは、各地にある道の駅の物産販売所などが便利。
その土地ならではの味を家族や友人に届けよう。

伊東だけの限定品

うり坊・ぐり坊
6個入り 1210円

和風ティラミスのような味わいのうり坊と、ぐり茶味のぐり坊が定番。【販売店】いっしん

個包装がうれしい！

ニューサマーオレンジケーキ
8個入り 760円

東伊豆特産のニューサマーオレンジを使ったさわやかな味わいの蒸しケーキ。ニューサマーオレンジのカスタード入り。

缶もかわいい臼挽き茶

極品 伊豆の寿司屋の臼挽き粉茶 410円

茶葉の栄養を丸ごと味わえる香り高い粉茶。【販売店】茶房 伊豆自然生活

甘めのみやげなら

伊豆に恋して シュガーポップコーン いちご
500円

砂糖がけの甘いポップコーンとちょっぴり酸味のある伊豆産ドライいちご入り。パッケージもおしゃれ。

ごはんがすすむ

金目鯛みそ漬
4切入り 1780円

フライパンで焼ける手軽さが魅力の人気商品。【販売店】伊豆中

わさびなめ茸
650円

ツーンとくるワサビが大人の味わい。なめ茸の旨みとワサビの辛みがご飯によく合う。豆腐やそばにもおすすめ。

ごはんのお供に

緑茶ジャムで目覚めスッキリ

お茶ジャム 540円

甘くてほんのり苦い静岡茶のジャム。トーストにのせて朝からたっぷりカテキンを摂ろう。【販売店】メルローズマーケット

伊豆特産のぐり茶なら

ぐり茶 乙女缶
70g入り 1080円

独自の火入れ製法で、ほのかな甘みでやさしい味。艶やかな装いの缶は、飲み終わったら小物入れに。

伊東
みちのえき いとうまりんたうん
道の駅 伊東マリンタウン

新鮮な地魚を味わえる飲食店や伊豆みやげが手に入るショップが並ぶ。日帰り温泉や足湯もある。

☎0557-38-3811 🏠伊東市湯川571-19 🕐9～18時(曜日、店舗、季節により異なる) 🈡無休 🚃JR伊東駅から東海バスで5分、バス停マリンタウン下車すぐ Ⓟ297台
MAP P139F1

伊豆高原
いずこうげんたびのえき ぐらんぱるぽーと
伊豆高原旅の駅 ぐらんぱるぽーと

国道135号沿いにあり、伊豆ぐらんぱる公園(☞P58)に隣接。伊豆のご当地みやげが充実している。

☎0557-51-1158 🏠伊東市富戸1090 🕐10～17時(店舗・時期により異なる) 🈡無休 🚃伊豆急行伊豆高原駅から東海バスで15分、バス停ぐらんぱる公園下車、徒歩3分 Ⓟ150台 MAP折込表・伊豆高原C1

伊豆半島中央部の
道の駅で
いちごスイーツを

地域の観光情報を発信する拠点である「道の駅 伊豆のへそ」。和洋スイーツいちご専門店（写真）を中心に、世界最大規模の自転車展示・レンタル施設や直売所、ホテルも揃う。
☎0558-99-9300 **MAP** P136C4

まだある伊豆の道の駅

戸田
みちのえき くるらへだ
道の駅 くるら戸田

天然温泉（10時〜20時30分受付）や深海生物にちなんだ作品展示コーナーがある。深海魚や柑橘を使ったメニューやみやげも充実。

☎0558-94-5151 **住**沼津市戸田1294-3 **交**バス停くるら戸田から徒歩1分 **⏰**10〜18時（施設により異なる）**休**無休 **P**48台 **MAP** P138A1

湯ヶ島
みちのえき あまぎごえ
道の駅 天城越え

レストランやカフェ、みやげ処などの施設が揃う。中伊豆名物のワサビを使った商品が多い。

☎0558-85-1110 **住**伊豆市湯ヶ島892-6 **⏰**8時30分〜16時30分（施設により異なる）**休**第3水曜（繁忙期は営業）**交**バス停昭和の森会館からすぐ **P**182台 **MAP** P138C3

函南
みちのえき いずげーとうぇいかんなみ
道の駅 伊豆ゲートウェイ函南

伊豆縦貫道函南塚本ICに近く、アクセスしやすい施設。伊豆グルメが味わえる飲食店や物販店が入る。好天時には富士山を望める。

☎055-979-1112 **住**函南町塚本887-1 **⏰**9〜18時（店舗により異なる）**休**無休 **交**伊豆箱根鉄道駿豆線伊豆仁田駅から徒歩20分 **P**144台 **MAP** P136C3

下賀茂
みちのえき しもがもおんせん ゆのはな
道の駅 下賀茂温泉 湯の花

併設する直売所では、地元の人も通うほど鮮度のいい野菜を販売。温泉メロンソフト430円が名物。

☎0558-62-3191 **住**南伊豆町下賀茂157-1 **⏰**9〜16時（施設により異なる）**休**無休 **交**伊豆急行伊豆急下田駅から東海バスで22分、バス停九条橋下車、徒歩3分 **P**51台 **MAP** P140C3

みかん蜂蜜（左）
ナッツの蜂蜜漬け（右）
各1480円

下田にある高橋養蜂が手がける注目のハチミツ商品。
【販売店】まるごと下田館

希少なハチミツ

夏みかんシャーベット
1個250円

夏期にうれしいさわやかシャーベット。モナカもある。
【販売店】まるごと下田館

すっぱ甘いおいしさ

ご当地サイダー
各265円

伊豆特産のニューサマーオレンジや温州みかんで作った炭酸ジュース。【販売店】JAふじ伊豆直売センター

地元産の柑橘類を使用

手作りブルーベリージャム／農協づくりにゅーさまーおれんじじゃむ／手づくり甘夏ジャム 各594円

安心・安全の伊豆産果物のジャム。【販売店】JAふじ伊豆直売センター

もぎたて果実の手作りジャム

下田
みちのえき かいこくしもだみなと
道の駅 開国下田みなと

下田港に隣接。水揚げしたばかりの海産物を扱う漁協直売所や、回転寿司店などの食事処もある。

☎0558-25-3500 **住**下田市外ヶ岡1-1 **⏰**9〜17時（店舗により異なる）**休**無休（テナントは不定休）**交**伊豆急行伊豆急下田駅から徒歩10分 **P**213台 **MAP**折込表・下田C2

伊豆へのドライブアクセス

東京方面から熱海、伊東、東伊豆・南伊豆へは厚木ICを起点に。
中伊豆・西伊豆へは沼津ICが起点。名古屋方面からは新東名の長泉沼津ICからが一般的。

各エリアへのルート

厚木ICと沼津IC(長泉沼津IC)を起点に
各エリアの主要タウンへ向かおう。

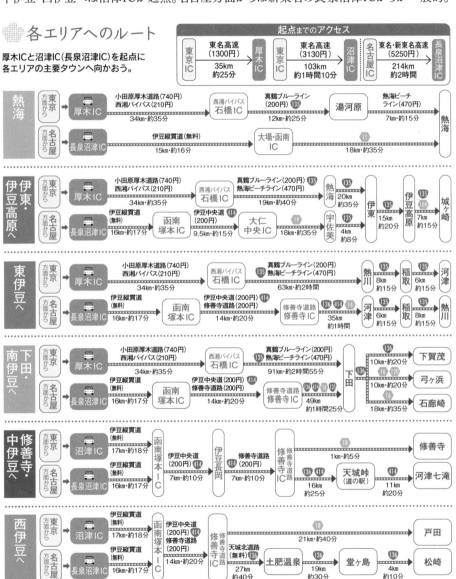

※本書掲載の交通表記における所要時間は目安です。名古屋IC〜長泉沼津ICは新東名高速道路経由の距離です。

伊豆ドライブMAP 🚗

伊豆は片側一車線の道が多く、朝夕は渋滞が発生する場合も。渋滞目安を把握して、効率的なドライブをしよう。

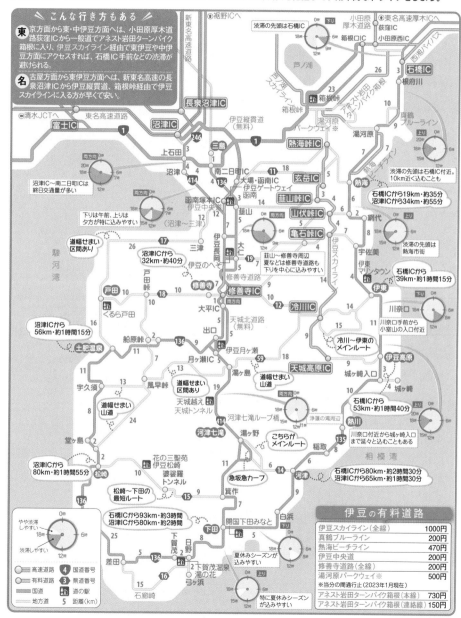

伊豆の有料道路	
伊豆スカイライン（全線）	1000円
真鶴ブルーライン	200円
熱海ビーチライン	470円
伊豆中央道	200円
修善寺道路（全線）	200円
湯河原パークウェイ※	500円
※当分の間通行止（2023年1月現在）	
アネスト岩田ターンパイク箱根（本線）	730円
アネスト岩田ターンパイク箱根（連絡線）	150円

伊豆への電車&バスアクセス

伊豆へは
どう行く?

伊豆半島内のエリア起点駅へ直通運転しているJR特急「踊り子」を利用するか、
東海道新幹線の熱海駅または三島駅で乗り換えるのが定番。

鉄道・バスを利用して伊豆へ

凡例	
新幹線	JR線
私鉄	バス

■熱海へ

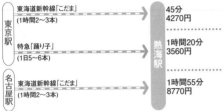

東京駅
- 東海道新幹線「こだま」(1時間2~3本) → 熱海駅 45分 4270円
- 特急「踊り子」(1日5~6本) → 熱海駅 1時間20分 3560円

名古屋駅
- 東海道新幹線「こだま」(1時間2~3本) → 熱海駅 1時間55分 8770円

■伊東・伊豆高原へ

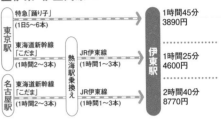

東京駅
- 特急「踊り子」(1日5~6本) → 伊東駅 1時間45分 3890円
- 東海道新幹線「こだま」(1時間2~3本) → 熱海駅乗換え → JR伊東線(1時間1~3本) → 伊東駅 1時間25分 4600円

名古屋駅
- 東海道新幹線「こだま」(1時間2~3本) → 熱海駅乗換え → JR伊東線(1時間1~3本) → 伊東駅 2時間40分 8770円

■東伊豆へ

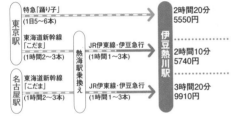

東京駅
- 特急「踊り子」(1日5~6本) → 伊豆熱川駅 2時間20分 5550円
- 東海道新幹線「こだま」(1時間2~3本) → 熱海駅乗換え → JR伊東線・伊豆急行(1時間1~3本) → 伊豆熱川駅 2時間10分 5740円

名古屋駅
- 東海道新幹線「こだま」(1時間2~3本) → 熱海駅乗換え → JR伊東線・伊豆急行(1時間1~3本) → 伊豆熱川駅 3時間20分 9910円

■下田・南伊豆へ

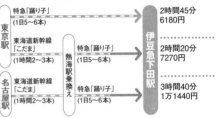

東京駅
- 特急「踊り子」(1日5~6本) → 伊豆急下田駅 2時間45分 6180円
- 東海道新幹線「こだま」(1時間2~3本) → 熱海駅乗換え → 特急「踊り子」(1日5~6本) → 伊豆急下田駅 2時間20分 7270円

名古屋駅
- 東海道新幹線「こだま」(1時間2~3本) → 熱海駅乗換え → 特急「踊り子」(1日5~6本) → 伊豆急下田駅 3時間40分 1万1440円

■修善寺・中伊豆へ

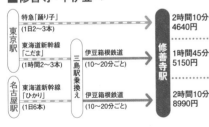

東京駅
- 特急「踊り子」(1日2~3本) → 修善寺駅 2時間10分 4640円
- 東海道新幹線「こだま」(1時間2~3本) → 三島駅乗換え → 伊豆箱根鉄道(10~20分ごと) → 修善寺駅 1時間45分 5150円

名古屋駅
- 東海道新幹線「ひかり」(1日6本) → 三島駅乗換え → 伊豆箱根鉄道(10~20分ごと) → 修善寺駅 2時間10分 8990円

■西伊豆へ

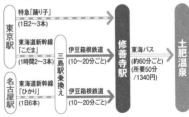

東京駅
- 特急「踊り子」(1日2~3本) → 修善寺駅 → 東海バス(約60分ごと)(所要50分/1340円) → 土肥温泉 3時間15分 5980円
- 東海道新幹線「こだま」(1時間2~3本) → 三島駅乗換え → 伊豆箱根鉄道(10~20分ごと) → 修善寺駅 → 東海バス → 土肥温泉 2時間50分 6490円

名古屋駅
- 東海道新幹線「ひかり」(1日6本) → 三島駅乗換え → 伊豆箱根鉄道(10~20分ごと) → 修善寺駅 → 東海バス → 土肥温泉 3時間15分 1万330円

お得なきっぷを利用

きっぷ名	おもなフリー区間	きっぷの内容	おもな出発地とねだん	有効日数	発売箇所
伊豆半島周遊におすすめ **東海バス全線フリーきっぷ**	東海バス全線	定期観光バス、高速バスなど一部を除き、東海バスの全路線が乗り降り自由。指定の施設の割引もある。熱海、伊東、修善寺、下田などのおもな東海バス案内所で発売。	2日券3900円 3日券4600円	2日または3日	東海バス
3つのルートから選べる **伊豆ドリームパス**	ルートにより異なる	伊豆急行、東海バス、駿河湾フェリーなどが1枚のきっぷで乗車できる。乗車可能区間や利用日数などはルートにより異なる。	黄金路ルート3700円(3日間)、山葵路ルート3900円(3日間)、富士見路ルート2800円(2日間)		清水港フェリー乗り場・東海バス(伊東駅・修善寺駅・三島駅)の各案内所)ほか

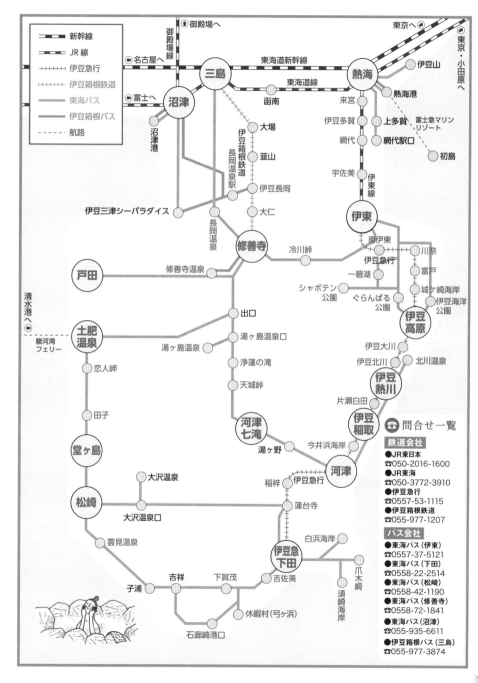

凡例
- 新幹線
- JR線
- 伊豆急行
- 伊豆箱根鉄道
- 東海バス
- 伊豆箱根バス
- 航路

御殿場へ
御殿場線
名古屋へ
東京へ
東京・小田原へ
東京へ

東海道新幹線
熱海
伊豆山
三島
東海道線
熱海港
沼津
函南
来宮
富士へ
沼津港
伊豆多賀
上多賀
富士急マリンリゾート
大場
網代
網代駅口
韮山
初島
伊豆箱根鉄道
長岡温泉駅
宇佐美
伊豆長岡
伊東線
伊豆三津シーパラダイス
長岡温泉
大仁
伊東
修善寺
冷川峠
南伊東
川奈
戸田
修善寺温泉
伊豆急行
一碧湖
富戸
シャボテン公園
城ヶ崎海岸
出口
ぐらんぱる公園
伊豆海洋公園
土肥温泉
湯ヶ島温泉口
伊豆高原
湯ヶ島温泉
浄蓮の滝
恋人岬
伊豆大川
田子
天城峠
伊豆北川
北川温泉
河津七滝
伊豆熱川
堂ヶ島
湯ヶ野
片瀬白田
大沢温泉
今井浜海岸
伊豆稲取
松崎
稲梓
伊豆急行
河津
大沢温泉口
蓮台寺
雲見温泉
白浜海岸
伊豆急下田
吉祥
下賀茂
吉佐美
爪木崎
子浦
休暇村(弓ヶ浜)
須崎海岸
石廊崎港口

清水港へ
駿河湾フェリー

☎ 問合せ一覧

鉄道会社
- ●JR東日本
  ☎050-2016-1600
- ●JR東海
  ☎050-3772-3910
- ●伊豆急行
  ☎0557-53-1115
- ●伊豆箱根鉄道
  ☎055-977-1207

バス会社
- ●東海バス(伊東)
  ☎0557-37-5121
- ●東海バス(下田)
  ☎0558-22-2514
- ●東海バス(松崎)
  ☎0558-42-1190
- ●東海バス(修善寺)
  ☎0558-72-1841
- ●東海バス(沼津)
  ☎055-935-6611
- ●伊豆箱根バス(三島)
  ☎055-977-3874

伊豆エリア内でのアクセス

伊豆エリアの交通の主役は、伊豆急行と伊豆箱根鉄道の2つの私鉄と東海バス。
各エリアの起点駅から観光ポイントへのバス便は比較的充実している。

各エリアでの移動

熱海や伊東、東伊豆、下田へは電車利用が便利。
天城高原などの内陸部へはバスを使って移動。
西伊豆、中伊豆ではバス移動が基本。

着いてから買えるフリーきっぷも

各エリアの起点、伊東、伊豆高原、下田などに着いてから購入でき、周辺地域の東海バスが乗り放題となる「東海バスフリー きっぷ」。観光施設の入館料割引などの特典付き。＊伊豆高原・城ヶ崎1日券(800円：当日限り)＊伊東・伊豆高原2日券(1500円：2日間)＊堂ヶ島・松崎・石廊崎2日券(2900円：2日間)＊全線フリーきっぷ(3900円：2日券、4600円：3日券)

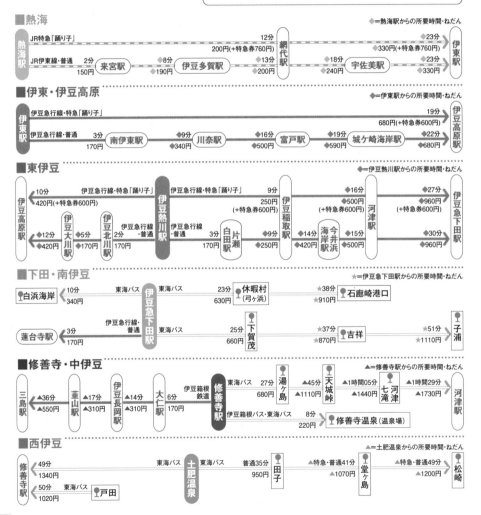

伊豆エリア間のルート早見表

🚗 ドライブ

地域	現在地＼目的地	熱海へ	伊東へ	伊豆高原へ	熱川へ	河津へ	下田へ	修善寺へ	土肥温泉へ
熱海	熱海から		🚗20km 国道135号	🚗35km 国道135号	🚗45km 国道135号	🚗60km 国道135号	🚗73km 国道135号	🚗30km 国道135号～県道80号～国道136号	🚗55km 国道135号～県道80号・19号～修善寺路～国道136号
伊東・伊豆高原	伊東から	🚃23分 JR伊東線普通		🚗15km 国道135号	🚗25km 国道135号	🚗40km 国道135号	🚗53km 国道135号	🚗25km 県道12号～国道136号	🚗48km 県道12号～県道349号～国道136号
伊東・伊豆高原	伊豆高原から	🚃50分 伊豆急行線～JR伊東線普通	🚃22分 伊豆急行線普通		🚗10km 国道135号	🚗25km 国道135号	🚗38km 国道135号	🚗32km 県道112・351号～県道12号～県道349号～国道136号	🚗55km 県道112・351号～県道12号～県道349号～国道136号
東伊豆	熱川から	🚃1時間05分 伊豆急行線【直通】～JR伊東線普通	🚃36分 伊豆急行線普通	🚃12分 伊豆急行線普通		🚗15km 国道135号	🚗30km 国道135号	🚗41km 国道135号～県道14号～国道414号～国道136号	🚗65km 国道135号～県道14号～国道414号～国道136号
東伊豆	河津から	🚃1時間20分 伊豆急行線【直通】～JR伊東線普通	🚃55分 伊豆急行線普通	🚃30分 伊豆急行線普通	🚃15分 伊豆急行線普通		🚗15km 国道135号	🚗36km 県道14号～国道414号～国道136号	🚗50km 県道14号～国道414号～国道136号
下田・南伊豆	下田から	🚃1時間35分 伊豆急行線【直通】～JR伊東線普通	🚃1時間15分 伊豆急行線普通	🚃45分 伊豆急行線普通	🚃35分 伊豆急行線普通	🚃15分 伊豆急行線普通		🚗50km 国道414号～国道136号	🚗50km 国道414号～県道15号～国道136号
修善寺・中伊豆	修善寺から	🚃1時間 伊豆箱根鉄道～【三島駅乗換え】～JR東海道線	🚌55分 東海バス	🚌+🚃1時間45分 東海バス～【伊東駅乗換え】～伊豆急行線普通	🚌+🚃2時間 東海バス～【伊東駅乗換え】～伊豆急行線普通	🚌1時間30分 東海バス	🚌+🚃2時間15分 東海バス～【河津乗換え】～伊豆急行線普通		🚗27km 国道136号
西伊豆	土肥温泉から	🚌+🚃2時間15分 東海バス～【修善寺駅乗換え】～伊豆箱根鉄道～【三島駅乗換え】～JR東海道線	🚌2時間10分 東海バス～【修善寺駅乗換え】～東海バス	🚌+🚃3時間 東海バス～【修善寺駅乗換え】～【伊東駅乗換え】～伊豆急行線普通	🚌+🚃2時間40分 東海バス～【出口乗換え】～東海バス～【河津駅乗換え】～伊豆急行線普通	🚌1時間50分 東海バス～【出口乗換え】～東海バス	🚌1時間50分 東海バス～【松崎乗換え】～東海バス	🚌49分 東海バス	

🚃🚌 電車・バス

※所要時間は目安であり、標準的な乗り継ぎ時間も含みます。利用する列車・バスにより異なります。

旅のエトセトラ

知っておきたい
伊豆のエトセトラ

映画・ドラマのロケ地、アニメや小説の舞台など、伊豆は名作・名シーンが似合うエリア。
季節の花々や味覚狩りもおすすめ。

アニメの舞台

伊豆には人気アニメの舞台も多い。作品で表現されている実際の風景に感動すること間違いナシ！

アニメ ゆるキャン△
●爪木崎（☞P82）●大室山（☞P48）

女子高生たちがゆるくキャンプを楽しむ物語。伊豆方面を訪れたEpisode10・11で下田の爪木崎、Episode12・13で伊豆高原の大室山などが描かれた。

『ゆるキャン△ SEASON2』第3巻（上記シーン収録）／Blu-ray発売中／発売・販売元：フリュー／1万5400円／CV：花守ゆみりほか／原作：あfろ／2021年放送

©あfろ・芳文社／野外活動委員会

アニメ ラブライブ！サンシャイン!!
●三津海水浴場

スクールアイドルを目指す女子高生たちの物語で、たびたび登場する場所として知られる。
☎055-941-3448（三の浦総合案内所）
住沼津市内浦三津 MAP P136B4

Blu-ray BOX 発売中／発売・販売元：バンダイナムコフィルムワークス／初回限定生産4万1800円／CV：伊波杏樹ほか／原作：矢立肇／第1期2016年・第2期2017年放送

©2017 プロジェクトラブライブ！サンシャイン!! ©2019 プロジェクトラブライブ！サンシャイン!!ムービー

映画・ドラマのロケ地

伊豆は、映画やドラマの名シーンを飾るのにふさわしい場所。

映画 真夏の方程式
●五輪館

ガリレオシリーズの映画で、福山雅治さん扮する湯川学が滞在する宿として登場した西伊豆の民宿。外観（写真上）や宴会場の松の絵（写真下）は、何度も登場。
☎0558-53-0223 住西伊豆町仁科2203-3 MAP P140B1

DVD発売中／発売元：アミューズソフトエンタテインメント／販売元：ポニーキャニオン／スタンダード・エディション4180円／出演：福山雅治・吉高由里子ほか／監督：西谷弘／2013年公開

真夏の方程式

©2013 フジテレビジョン アミューズ 文藝春秋 FNS27社

ドラマ 逃げるは恥だが役に立つ
●竹林の小径（☞P92）

第6話で旅行したとき主演の2人が歩いた。修善寺はほかにも登場する。

新春SP＋ムズキュン！特別編DVD-BOX発売中／発売元：TBS／発売協力：TBSグロウディア／販売元：TCエンタテインメント／2万9370円／出演：新垣結衣・星野源ほか／2016・2021年放送

©海野つなみ／講談社 ©TBSスパークル／TBS

ドラマ 世界の中心で、愛をさけぶ
●浜丁橋

松崎の町が舞台となり、ロケ地めぐりで訪れる人も多い。浜丁橋は主役の2人のシーンで何度も登場した。
☎0558-42-0745（松崎町観光協会）
住松崎町松崎 MAP折込表・松崎A2

DVD-BOX発売中／発売元：TBS／販売元：NBCユニバーサル・エンターテイメントジャパン／1万7980円／出演：山田孝之・綾瀬はるか・緒形直人ほか／2004年TBS系で放送

©TBS

伊豆ゆかりの名作

誰もが知っている伊豆が舞台の3つの作品をチェックしておこう。

伊豆の踊子

伊豆を旅する学生が、出会った踊子と一緒に旅をするうち、恋に落ちるストーリー。
『伊豆の踊子』／川端康成著／新潮文庫刊／473円

天城越え

松本清張の短編サスペンスで、天城峠周辺が舞台。本作は映画やドラマにもなっている。
『黒い画集』所収／松本清張著／新潮文庫刊／1155円

金色夜叉

主人公の貫一が、許嫁のお宮を問い詰める熱海海岸でのシーンが有名。熱海サンビーチに記念の銅像がある。
『金色夜叉』／尾崎紅葉著／新潮文庫刊／880円

祭り・イベント

伊豆は1年を通して祭りやイベントがいっぱい。ここでは伊豆を代表する人気の行事をピックアップ。

1月下旬～3月 伊豆 稲取温泉 雛のつるし飾りまつり

ひな壇の両脇につるし雛を飾る伝統行事。文化公園 雛の館（P72）ほか、町内各所で開催。
☎0557-95-2901(稲取温泉旅館協同組合) 🏠東伊豆町稲取 MAP折込表・稲B2

5月第3週金～日曜 黒船祭

幕末のペリー来航の地・下田の国際色豊かなイベント。公式パレードや調印式の再現劇などを行う。3日間の開催。
☎0558-22-1531(下田市観光協会) 🏠下田 MAP折込表・下田A2

7・8月ほか 熱海海上花火大会

熱海湾で打ち上げる花火は、すり鉢状の地形に音が反響し、迫力満点だ。夏期を中心に1年を通して十数回実施。花火のために船を出す店もあるのでチェックしてみて。DATA☞P23

9月20日～春頃 伊勢エビまつり

伊豆のいくつかの市町村では、指定する宿泊施設で伊勢エビが付く宿泊プランを実施。期間は場所により異なる。問合せは各市町村の観光協会へ 🏠河津町、松崎町、賀茂村ほか

11月中旬～8月下旬 伊豆高原グランイルミ

伊豆ぐらんぱる公園で開催しており、ナイトアトラクションが充実した日本初の体験型イルミネーションが好評。「イルミネーションアワード」で全国1位を受賞している。DATA☞P58

花

温暖な気候の伊豆半島では、早春の梅や河津桜から秋の紅葉まで、季節を彩る花の祭りが楽しめる。

1月上旬～3月上旬 熱海梅園梅まつり

早咲きから遅咲きまで60品種もの梅が咲く。日曜や祝日には甘酒サービスなどの行事も多数開催される。
☎0557-85-2222 (熱海市観光協会) 🏠熱海市梅園町8-11 MAP P136A4

2月上旬～下旬 河津桜まつり

首都圏近郊で最も早くお花見ができる場所として有名。河津川沿いの約4kmが桜色に染まる。川沿いに出る屋台や桜グルメも楽しみ。DATA☞P62

3月中旬～4月上旬 伊豆高原の桜並木

約3km続く桜並木は、開花を迎えると約550本のソメイヨシノが見事なアーチをつくる。伊豆高原駅前の大寒桜や、さくらの里でも花見を楽しめる。
☎0557-36-0111(伊東市観光課) 🏠伊東市 MAP折込表・伊豆高原A2

6月 下田温泉あじさい祭

下田市街と下田港を見下ろす下田公園に、約300万輪のアジサイが咲く。会場には露店も出店する。
☎0558-22-1531(下田市観光協会) 🏠下田市3 MAP折込表・下田B3

11月中旬～12月上旬 修善寺の紅葉

修善寺の竹林の小径には竹のほかに、モミジも多く植えられている。川沿いの真っ赤な紅葉と欄干を眺めて、和の情緒に浸ろう。DATA☞P92

味覚狩り

伊豆で楽しめる味覚狩りといえばミカン。東伊豆エリアを中心にミカン園が点在している。

10～6月 ミカン

伊東市の宇佐美や城ヶ崎、東伊豆町の稲取などに多くのミカン園がある。
●収穫体験農園 ふたつぼり
半年以上にわたり15品種のミカン狩りが可能。ジャム作りや生ジュース搾り、GWごろにはミカンの花摘みなども体験できる。
☎0557-95-2747 🏠東伊豆町稲取1813-1 MAP折込表・稲A1

12月中旬～5月上旬 イチゴ

伊豆のイチゴ狩りは韮山と伊豆長岡エリアが中心だが、熱海周辺でも可能。
●江間いちご狩りセンター
90棟のハウスは伊豆最大級。品種は「章姫（あきひめ）」または「紅ほっぺ」で、30分間食べ放題で楽しめる。
☎055-948-1115 🏠伊豆の国市北江間563-7 MAP P136C3

4月1日～5月5日 タケノコ

春の味覚タケノコ狩りができる場所は全国的にもそれほど多くないため、貴重な体験に。
●一条竹の子村
春と秋に収穫できるタケノコは、買取制(値段は時価)で楽しめる。春には期間限定で竹の子料理を提供する食堂もオープン。訪れる際は、事前に営業確認を。
☎0558-62-1583 🏠南伊豆町一条717 MAP P140C3

7月中旬～8月下旬 ブルーベリー

夏になると、河津町や伊豆長岡でブルーベリーの摘み取りが楽しめる。
●河津ブルーベリーの里
約1000本の木に実るブルーベリーが食べ放題。ホームベルをはじめ、いろいろな品種の摘み取りを楽しめる。
☎0558-35-7371(開園期間のみ) 🏠河津町川津筏場1519-1 MAP P141D1

※祭り・イベントの開催日や内容は変更になることがあります。おでかけ前に公式HP等でご確認ください。

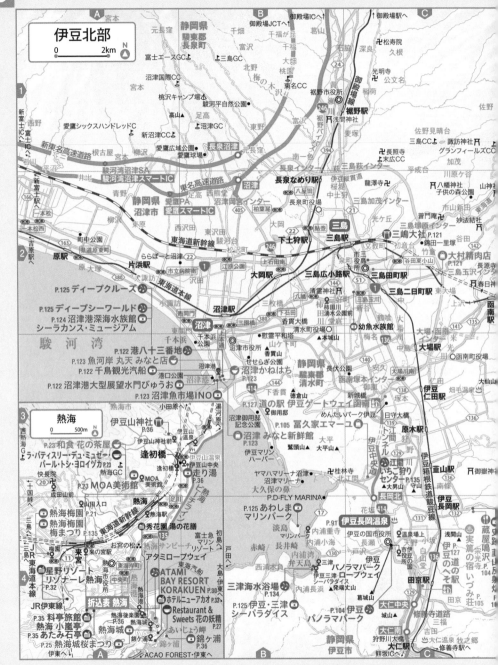

山伏峠へ
湖尻峠へ
箱根湯本駅へ
屏風山
文庫山
山崎IC（小田原西IC）へ
白銀山
根府川
小田原駅へ
小田原
根府川駅
江之浦漁港

芦ノ湖
蕊ヶ峰
恩賜箱根公園
神奈川県
足柄下郡箱根町
箱根新道
小田原城IC
神奈川県
小田原市
星ヶ山
江之浦

箱根関所南
道の駅箱根峠
箱根峠
アネスト岩田ターンパイク箱根
吉浜
昌満寺
真鶴橋
岩大橋
740

白浜
海ノ平
芦ノ湖スカイライン
芦ノ湖大観インター
箱根
大観山
鞍掛山
75
神奈川県
足柄下郡湯河原町
新崎川
幕山
湯河原CC♪吉浜コース
神奈川県
足柄下郡真鶴町
真鶴町役場
真鶴ブルーライン（真鶴道路）
磯崎真鶴港
真鶴マリーナ
真鶴駅
739

静岡県
三島市
芦の湖CC
1
函南原生林
湯河原パークウェイ
海石榴
しとどの窟
奥湯河原温泉
不動滝
鍛冶屋
木村美術館
城堀
真鶴駅
福浦
135
中川一政美術館
名勝三ツ石
真鶴岬

山中城跡
山中新田
十国スカイライン
⛩馬坂神社
桑原
函南GC
♪ドラゴンキャッスル P.121
🌻三島スカイウォーク P.120
木立キャンプ場
20
湯河原美術館
湯河原温泉市役所支所
オレンジライン
宮下
城堀
湯河原駅
吉浜橋
湯河原温泉入口
熱海新道

静岡県
田方郡函南町
♨かんなみスプリングスCC
⛩高源寺
十国峠ケーブルカー
熱海峠
城山
東光寺
岩戸山
PANORAMA TERRACE 1059 P.121
伊豆山口
恋の森公園
弁天岩
伊豆山温泉
伊豆山温泉 P.19
左下図
熱海ビーチライン
大黒崎

鬢田山法伝寺跡
鷹ノ巣山トンネル
鷹ノ巣山
11
日金町
姫の沢公園
西熱海町
桃山町
相 模 灘

熱函道路
11
135
たまご専門店
TAMAGOYA
ベーカリーカフェ P.98
丹那断層
11
20
熱海駅
熱海温泉 P.19
来宮駅
熱海市役所
熱海港
🅿ATAMI BAY RESORT KORAKUEN P.30

平井
玄岳
玄岳798
青龍町
アタミロープウェイ
桜木町
梅花町
郷ノ浦
🏨熱海後楽園ホテル P.31
🍮渚の熱海プリン P.31
🍴IZU-ICHI P.31
♨オーシャンスパ Fuua P.30

古奈
♪富士箱根CC
P.24 **ACAO FOREST**
P.25 **ACAO ROSE SQUARE**
戸田幸四郎絵本美術館へ
赤根トンネル
富士急マリンリゾート

毘沙門堂
富士見パークウェイ中
裾野多田
韮山峠
上多賀
🍜そば処 多賀 P.36
伊豆多賀駅
静岡県
熱海市
伊豆多賀温泉
長浜海水浴場
熱海マリーナ
🏨熱海網代温泉 大成館
🍴海の味処 笑ぎ よ P.37
P.39 みやした
アイランドキャンプ ヴィラ
初島 P.38

静岡県
伊豆の国市
伊豆にらやまCC
山伏峠
80
下多賀
下田木神社
和田木神社
網代駅
網代港
網代
網代温泉 P.19
初島灯台
初島漁港
P.39 **初島アドベンチャー SARUTOBI**
P.38 **アジアンガーデン R-Asia**
P.39 海泉浴「島の湯」

伊豆大仁CC♪
亀石峠
時間を旅する宿 海のはな♪
竹林庵 みずの P.34
伊東線

静岡県
伊豆の国市
田原野
大熱海国際GC
長者原
龍眼寺
19
亀石峠入口
御石沢トンネル
新宇佐美トンネル

さつき丘公園
135
亀石峠
モビリティーパーク
下白岩
80
19
金目鯛の宿 こころね P.57
静岡県
伊東市
宇佐美駅
宇佐美温泉
宇佐美海水浴場
伊東駅へ
伊東へ

定林寺
⛩大野神社
大野
修善寺へ
静岡県
伊豆市
冷川ICへ
伊豆高原へ
伊東駅へ

（右下囲み地図）
沼津
三島
熱海
戸田
修善寺
伊東
土肥
熱川
P136 137
松崎
河津
下田
P138 139
P140 141
大島へ

伊豆南部

0　　2km

伊豆MAP ● 伊豆南部

修善寺へ
釜滝
大滝
河津七滝 P.96
オートキャンプ場
河津七滝 P.96
七滝茶屋 P.97
大滝入口
大滝 P.91
河津七滝ループ橋
414
大滝・七滝温泉 P.91
梨本神社
子守神社
伊豆の踊子文学碑 P.96
下佐ケ野
伊豆の踊子の宿 福田家 P.96
湯ケ野温泉
湯ケ野
小鍋
逆川
70nanamaru cafe P.63
踊り子温泉会館 P.69
豊泉橋 P.63
河津桜原木 P.63
水神社
河津桜トンネル P.63
峰温泉
今井浜オート
キャンプ場
河津バガテル公園 P.63
今井浜海岸駅
河津駅
伊豆急行
今井浜海岸
今井浜温泉
河津温泉郷 P.61

三筋山
佐ケ野オートキャンプ場
アドベンチャーファミリー
河津オートキャンプ場
鉢ノ山
大峰山
見高
河津ブルーベリーの里 P.135
稲取細野高原 P.73
稲取ふれあいの森
赤松神社
ストーンチェアキャンプ場
伊豆キャンパーズヴィレッジ
沢田
隠了寺
河津町役場
峰
谷津
笹原
天嶺山
鬼ケ崎
浜
iZoo
地福院
見高
本根岬
一色口

白田温泉
伊豆熱川駅へ 片瀬白田駅
伊豆アニマルキングダム P.73
浅間山
白田
トモロ岬
花月製菓 P.67
伊豆稲取駅
稲取温泉 P.61
稲取港
135
折込表 稲取
旅の駅 伊豆オレンヂセンター P.69
桐のかほり 咲楽 P.71
舟戸の番屋 P.69

静岡県
賀茂郡
東伊豆町
稲取GC

静岡県
賀茂郡
河津町

大平山
折込表 河津

神明神社
宇土金稲梓川
上原美術館
里山の別邸
下田セントラルホテル P.85
稲梓駅
宝珠院
横川温泉
雉原
15
相玉
諏訪大明神
静岡県
下田市
相玉
荒増
満昌寺
414
河内
千人風呂 金谷旅館 P.89
高根山
白浜
蓮台寺駅
蓮台寺
天神神社
118
伊豆の宿
蓮台寺温泉
清流荘 P.85
蓮台寺温泉 P.75
FONTAINE P.89
曹洞院
119
開国下田みなと
敷根
敷根公園
下田温泉
旧岡方村
伊豆急下田駅 P.75
大賀茂
六丁目
下田東急ホテル P.87
135
117
稲生沢
下田大和館 P.87
136
入田
フェリーのりば
折込表 下田
下田公園
117
須崎御用邸
戸多々戸戸浜
稲神社のイスノキ
吉佐美
116
須崎
爪木崎自然公園
大浜海岸
田牛
恵比須島 P.82
爪木崎 P.82・134

下田プリンスホテル
白濱神社 P.88
白浜海岸
白浜大浜海水浴場
ガーデンヴィラ白浜 P.86
白浜温泉 P.75
外浦海岸
下田ビューホテル P.86
ひもの万宝 P.89
九十浜海水浴場

相 模 灘

龍宮窟 P.82
田牛
サンドスキー場 P.82
田牛海水浴場
神新汽船
伊豆クルーズ（下田港内めぐり）

↓利島・新島・式根島・神津島へ

三島
沼津 熱海
P136-137
戸田 修善寺 伊東
土肥 伊豆高原
熱川
松崎 河津
下田
P138-139
P140-141

141

INDEX さくいん

ココミル 伊豆 中部①

楽しい旅へ出かけよう♪

2023年3月15日初版印刷
2023年4月1日初版発行

編集人：福本由美香
発行人：盛崎宏行
発行所：JTBパブリッシング
　　　　〒162-8446　東京都新宿区払方町25-5

編集・制作：情報メディア編集部
取材・編集：スリーコード（佐々木隆、ささきなおこ）／
エイジャ（小野正恵、佐藤未来、新間健介）／大門義明／木村嘉男／
四谷工房（石丸泰規、丸山繭子）／宮崎　博（さわやか）／
ライフプランニング／菱川まさこ
表紙デザイン、アートディレクション：APRIL FOOL Inc.
本文デザイン：APRIL FOOL Inc.／パパスファクトリー／ユカデザイン／
東画コーポレーション（三沢智広）／和泉真帆
撮影・写真協力：宮崎　博／長尾浩之／山田真哉／中根祥文／大塚七恵／
宮地　工／関係各市町村観光課・観光協会
地図：ゼンリン／ジェイ・マップ／千秋社
イラスト：平澤まりこ
組版・印刷所：凸版印刷

編集内容や、商品の乱丁・落丁の
お問合せはこちら

JTB パブリッシング お問合せ 🔍

https://jtbpublishing.co.jp/
contact/service/

本書に掲載した地図は以下を使用しています。
測量法に基づく国土地理院長承認（使用）R 2JHs 293-1336号
測量法に基づく国土地理院長承認（使用）R 2JHs 294-602号

●本書掲載のデータは2023年1月末日現在のものです。発行後に、料金、営
業時間、定休日、メニュー等の営業内容が変更になることや、臨時休業等で利
用できない場合があります。また、各種データを含めた掲載内容の正確性に
は万全を期しておりますが、お出かけの際には電話等で事前に確認・予約さ
れることをお勧めいたします。なお、本書に掲載された内容による損害賠償等
は、弊社では保障いたしかねますので、予めご了承くださいますようお願いい
たします。●本書掲載の商品は一例です。売り切れや変更の場合もあります
ので、ご了承ください。●本書掲載の料金は消費税込みの料金ですが、変更さ
れることがありますので、ご利用の際はご注意ください。入園料などで特記の
ないものは大人料金です。●定休日は、年末年始・お盆休み・ゴールデンウィ
ークを省略しています。●本書掲載の利用時間は、特記以外原則として開店
（館）〜閉店（館）です。オーダーストップや入店（館）時間は通常閉店（館）時
刻の30分〜1時間前ですのでご注意ください。●本書掲載の交通表記におけ
る所要時間はあくまでも目安ですのでご注意ください。●本書掲載の宿泊料

金は、原則としてシングル・ツインは1室あたりの室料です。1泊2食、1泊朝食、
素泊に関しては、1室2名で宿泊した場合の1名料金です。料金は消費税、サー
ビス料込みで掲載しています。季節や人数によって変動しますので、お気をつ
けください。●本誌掲載の温泉の泉質・効能等は、各施設からの回答をもとに
原稿を作成しています。

本書の取材・執筆にあたり、
ご協力いただきました関係各位に厚くお礼申し上げます。

おでかけ情報満載　https://rurubu.jp/andmore/

223216　280082
ISBN978-4-533-15251-1 C2026
©JTB Publishing 2023
無断転載禁止　Printed in Japan
2304